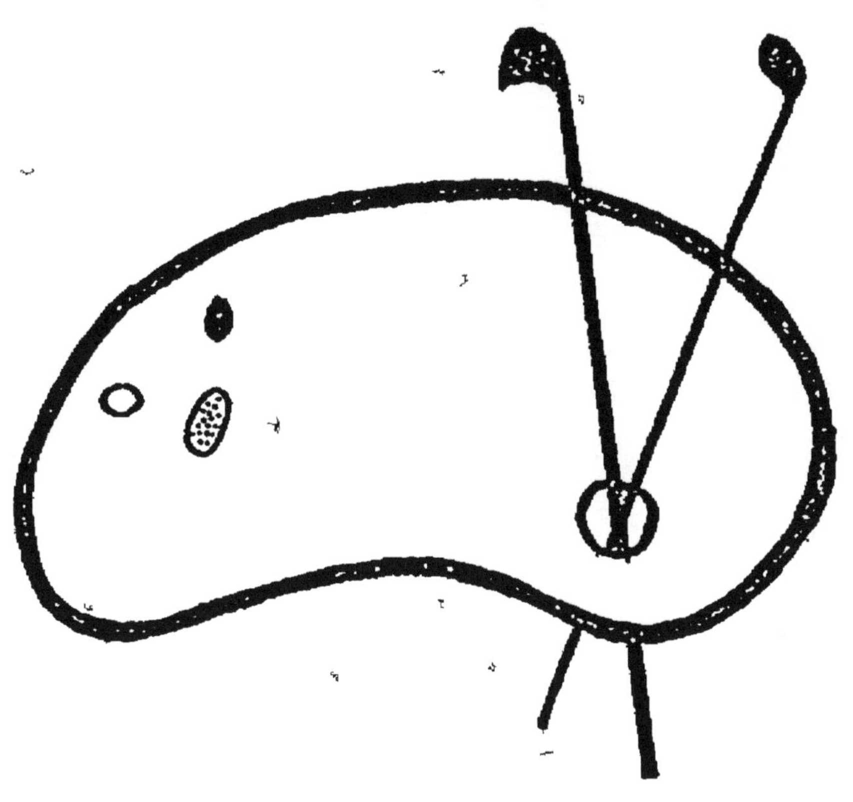

COUVERTURE SUPÉRIEURE ET INFÉRIEURE
EN COULEUR

Jourdet Chambaud

Traité pratique des ateliers insalubres.

5268

TRAITÉ PRATIQUE

DES ATELIERS INSALUBRES

Moulins, imprimerie de C. Desrosiers.

TRAITÉ PRATIQUE

DES

ATELIERS INSALUBRES

DANGEREUX OU INCOMMODES

PAR

GABRIEL DUFOUR

ANCIEN PRÉSIDENT DE L'ORDRE DES AVOCATS AU CONSEIL D'ÉTAT
ET A LA COUR DE CASSATION,
ANCIEN DÉPUTÉ, MEMBRE DU CONSEIL GÉNÉRAL DE L'ALLIER,
CHEVALIER DE LA LÉGION-D'HONNEUR

et

ERNEST TAMBOUR

DOCTEUR EN DROIT, AVOCAT AU CONSEIL D'ÉTAT ET A LA COUR
DE CASSATION, SUCCESSEUR DE M. DUFOUR

PARIS

COSSE, MARCHAL ET Cie

LIBRAIRES DE LA COUR DE CASSATION, ETC.

Place Dauphine, 27.

AVERTISSEMENT

Les progrès que l'industrie n'a cessé de faire
de nos jours ont donné un très-grand intérêt à
la législation concernant les établissements dangereux, insalubres ou incommodes. Les questions
si nombreuses, qu'a fait naître l'application des
textes sur lesquels elle repose, montrent assez
combien il est indispensable de les éclairer par
un commentaire. Quel que soit le mérite des
ouvrages consacrés à cette importante matière,
ils remontent presque tous à une époque déjà
ancienne et ne peuvent par conséquent être au
courant de la législation et de la jurisprudence
actuelles. Il nous a semblé qu'au moment où la
nomenclature du 31 décembre 1866 venait de
modifier profondément les classements antérieurs, il était opportun de publier un traité
présentant, au point de vue des principes et de

la jurisprudence, un exposé complet des règles auxquelles ces établissements sont soumis. Ce volume ne s'adresse pas seulement aux jurisconsultes ; les auteurs ont voulu qu'il pût être utilement consulté par les industriels eux-mêmes, qui ont si fréquemment besoin de savoir quelles formalités ils doivent remplir et quelles obligations leur incombent. Afin de mieux atteindre ce but pratique, nous avons cru devoir réunir dans un Appendice les principaux décrets intervenus depuis quelques années.

TRAITÉ

DES

ATELIERS INSALUBRES, DANGEREUX OU INCOMMODES

CHAPITRE PREMIER.

Législation.

1. — Principe de la législation qui régit les établissements industriels susceptibles de nuire.
2. — La surveillance de ces établissements a été de tout temps dans les attributions du pouvoir de police.
3. — L'Institut est consulté par le gouvernement une première fois, en l'an VII, et une seconde fois, en 1809.
4. — Le travail de l'Institut devient la base du décret de 1810.
5. — Exposé des motifs du décret de 1810.
6. — Texte de ce décret.
7. — Ordonnance du 14 janvier 1815.
8. — Décret sur la décentralisation.
9. — Dénomination légale des manufactures soumises au régime institué par le décret de 1810.
10. — Etat général des établissements classés.
11. — Division.

1. — En principe, l'homme est maître d'appliquer son intelligence à toute espèce de travail. Cependant, l'industrie ne saurait échapper à l'empire de la règle de raison qui suit et domine l'activité hu-

maine dans toutes ses manifestations et assigne le respect des droits de tous pour limite à la liberté de chacun.

Sous ce point de vue, l'ordre social, qui n'est, au fond, que la conciliation entre les droits opposés des membres de la société, a sa garantie dans des prescriptions du pouvoir régulateur, dont les unes ont pour objet d'assurer la réparation du mal causé à autrui, et dont les autres ont pour but de le prévenir.

A ce dernier ordre de prescriptions, se rattachent les dispositions qui régissent les établissements industriels susceptibles de nuire à la santé des hommes ou des animaux domestiques, de compromettre la sûreté des habitations ou de porter préjudice aux récoltes.

2. — Les précautions destinées à parer aux inconvénients et aux dangers inhérents à ces sortes d'établissements sont évidemment du ressort de l'autorité dont la mission est de protéger les citoyens au sein de la cité.

Les magistrats de police furent, de tout temps, investis du droit de surveillance sur les manufactures dont le voisinage pouvait être insalubre ou dangereux, et jusqu'en 1810, ce droit resta confondu aux mains des autorités locales, avec tous les droits qui procèdent du pouvoir de police.

Dans les monuments de l'ancienne législation, on ne découvre aucune disposition empreinte de quelque généralité qui ait trait à l'exercice de ce droit. Les rares décisions des intendants des provinces ou des parlements provoquées par les réclamations des habitants des villes ou des villages, qui avaient à

souffrir du voisinage de manufactures ou incommodes, ou insalubres, ne portent que sur des cas spéciaux et ne constituent que des mesures isolées.

C'est donc bien vainement qu'il fut décrété dans la
loi du 13 novembre 1791, que les anciens réglements
de police concernant l'établissement ou l'interdiction
dans les villes des usines, ateliers ou fabriques qui
peuvent nuire à la sûreté et à la salubrité, continue-
raient d'être provisoirement observés : il n'existait
point d'anciens réglements.

Toute cete matière se trouva, dès-lors, abandonnée
aux magistrats chargés de la police locale ; chaque
département, chaque commune eut sa règle, et encore cette règle changeait-elle souvent avec le fonctionnaire qui l'avait établie. L'industrie et la pro-
priété se plaignirent également d'une diversité et
d'une mobilité de principes qui se manifestaient journellement avec tous les inconvénients du plus intolérable arbitraire.

3. — Le ministre de l'intérieur fut amené par la
vivacité de ces plaintes à consulter l'Institut, et, le
26 frimaire an VII, la classe des sciences physiques et
mathématiques lui répondit par un rapport dont l'objet est de rechercher et d'indiquer quelles sont les
fabriques dont le voisinage peut être nuisible à la
santé.

Les magistrats eurent dans ce travail un guide pour
l'appréciation des demandes des manufacturiers et
des réclamations des propriétaires voisins. Mais il ne
consacrait ni principes, ni règles, et ne pouvait suffire aux exigences d'une police dont l'importance
augmentait en raison du développement que prenait

journellement cette branche d'industrie qui a pour objet la fabrication des produits chimiques. En 1809, le ministre de l'intérieur prit le parti de recourir de nouveau aux lumières de l'Institut, et l'avis de corps savant fut consigné dans un rapport dressé par la section de chimie et approuvée par la classe entière des sciences physiques et mathématiques.

4. — Cette fois, l'Institut avait préparé une mesure réglementaire, et le gouvernement fit de son travail la base d'un décret daté du 15 octobre 1810, qui régit encore, comme loi fondamentale, les établissements dont le voisinage peut être nuisible.

5. — Le décret de 1810 est précédé d'un rapport dans lequel le ministre de l'intérieur en expose les motifs en ces termes :

« Il s'est élevé, à différentes époques, des plaintes très-vives contre les établissements dans lesquels on fond le suif, on tanne les cuirs et l'on fabrique la colle forte, le bleu de Prusse, le vitriol, le sel de Saturne, le sel ammoniac, l'amidon, la chaux, la soude, les acides minéraux, etc. On prétend que leur exploitation occasionne des exhalaisons nuisibles à la végetation des plantes et à la santé des hommes. Ces plaintes furent communiquées, en l'an XIII, à la classe des sciences physiques et mathématiques de l'Institut, qui rédigea un travail que mes prédécesseurs ont constamment pris pour règle, toutes les fois qu'ils ont eu occasion de statuer sur des demandes en suppression de fabriques. Tout serait donc terminé, s'il n'était parvenu de nouvelles réclamations. Ce sont les manufactures de soude qui les font principalement naître. On m'assure que les vapeurs

causées par ces manufactures anéantissent les végé-
taux qui se trouvent dans le voisinage, et oxydent en
très-peu de temps le fer sur lequel elles s'arrêtent.
Un pareil état de choses ne saurait être vu avec in-
différence. S'il est juste que chacun soit libre d'exploiter son industrie, le gouvernement ne peut, d'un
autre côté, tolérer que, pour l'avantage d'un individu, tout un quartier respire un air infect, ou qu'un
particulier éprouve des dommages dans sa propriété.
J'admets que la plupart des établissements dont on
se plaint n'occasionnent pas des exhalaisons contraires à la salubrité publique ; mais, à coup sûr, on ne
saurait nier que ces exhalaisons ne soient fort désa-
gréables, et que, par cela même, elles ne préjudicient
aux propriétaires des maisons voisines, en empê-
chant qu'ils ne louent ces maisons, ou en les forçant,
s'ils les louent, à baisser le prix de leurs baux. La
sollicitude du gouvernement embrassant toutes les
classes de la société, il est de sa justice que les intérêts de ces propriétaires ne soient pas plus perdus
de vue que ceux des manufacturiers. Un moyen qui
me paraît propre à concilier ce qu'on doit aux uns et
aux autres, serait d'arrêter en principe que les établissements qui répandent une odeur forte et gênant
la respiration, ne seront dorénavant formés que dans
les localités isolées. Une disposition semblable ne
saurait nuire à ces établissements ; le seul changement qu'il apporterait à l'état des choses, c'est qu'au
lieu d'être dans les villes où ils font naître des plaintes continuelles, ils se trouveraient dans des emplacements où ils n'incommoderaient personne. Ces considérations m'ont fait penser qu'il serait sage de dres-

ser un tableau de ceux dont la formation ne sera plus permise dans les communes, et qu'il convient d'éloigner des habitations particulières. La classe des sciences physiques et mathématiques de l'Institut pouvant seule dresser ce tableau d'une manière satisfaisante pour le public et pour l'administration, je l'ai priée de vouloir bien s'en occuper. Le travail qu'elle m'a envoyé à cet égard ne laisse rien à désirer. Il consacre d'abord les principes posés par la lettre que je lui ai écrite pour le lui demander; il est terminé par la proposition de diviser en trois classes les manufactures et ateliers qui répandent une odeur insalubre ou incommode. Dans la première classe seraient compris les établissements qu'il convient d'éloigner des habitations particulières; dans la seconde, ceux dont l'éloignement des habitations n'est pas rigoureusement nécessaire, mais dont il importe néanmoins de ne permettre la formation qu'après avoir acquis la certitude que les opérations qu'on y pratique sont exécutées de manière à ne pas incommoder les propriétaires du voisinage, ni à leur causer des dommages. La dernière classe renferme les établissements qui peuvent rester sans inconvénient auprès des habitations.

« La division faite par la classe des sciences physiques et mathématiques paraîtra sans doute sage à Votre Majesté. Elle m'a donné lieu de rédiger un projet de décret impérial, dans lequel j'ai tâché de concilier tous les intérêts. D'après ce projet, le ministre de l'intérieur peut seul délivrer les permissions nécessaires pour la formation des établissements compris dans la première classe. Ces établissements étant ceux dont l'activité occasionne le plus de réclamations, j'ai pensé que la création devait en être subordonnée à son approbation. Sa décision, qui ne sera prise qu'en connaissance de cause, sera un garant que, s'il accorde la permission, c'est qu'il a jugé qu'il ne pouvait en résulter aucun inconvénient, ni pour la salubrité publique, ni pour les propriétés du voisinage. Dans le cas où ces propriétés éprouveraient des dommages, un article du projet permet de demander des indemnités dont la quotité sera réglée par l'autorité judiciaire. Cette disposition n'a pas besoin d'être justifiée. Les tribunaux statuant sur tout ce qui intéresse la propriété, sa nature et son exercice, il est naturel de leur renvoyer la connaissance des plaintes qui peuvent être adressées.

« Il aurait été à désirer qu'il eût été possible de déterminer la distance où les établissements compris dans la première classe doivent être des habitations particulières. Ce point a beaucoup occupé la classe des sciences physiques et mathématiques de l'Institut, et le résultat de ses méditations a été qu'on ne saurait le décider d'une manière positive. Une manufacture peut, en effet, quoique très-rapprochée des maisons, être placée de manière à n'incommoder personne, tandis qu'une autre, qui en est à une distance considérable, va, par sa situation sur une hauteur, les couvrir de vapeurs infectes qui en rendront le séjour insupportable. Il n'a donc pas été possible d'établir la distance dans le projet de décret, et quelque désir que j'eusse d'empêcher qu'on n'agît arbitrairement, il a fallu abandonner ce soin à la sagesse de l'autorité locale.

« Ce sont les préfets et sous-préfets qui accordent les permissions qu'exige la mise en activité des établissements placés dans la seconde et la dernière classe, après avoir fait procéder à des informations de *commodo* et *incommodo*. La formation de ces établissements cause moins de réclamations que l'exploitation de ceux compris dans la première classe ; et il est convenable de leur donner cette attribution afin d'abréger les délais qui auraient lieu si l'on était forcé de s'adresser au ministre de l'intérieur. Le projet fait une exception à cette règle pour Paris et les villes où il y a des commissaires généraux de police. Le préfet de police de la première de ces villes, et les commissaires généraux ayant eu, jusqu'à présent, la surveillance des établissements qui répandent une odeur insalubre ou incommode, il m'a paru qu'il ne fallait apporter aucun changement à ce qui existe. La loi du 22 germinal de l'an XI, tit. V, les charge d'ailleurs de régler les affaires de police entre les ouvriers et ceux qui les emploient, et de cette attribution découle, à certains égards, celle que je propose ici de leur conserver.

« Les derniers articles du projet parlent des établissements déjà en activité ; d'après ces articles, ils sont conservés dans l'emplacement qu'ils occupent. Votre Majesté approuvera sans doute cette disposition. Ils ont été créés dans la persuasion qu'on ne les troublerait point dans leurs travaux, et il serait contraire aux principes de l'administration de revenir sur ce qui a été fait. Seulement les entrepreneurs de fabrique de soude qui n'opèrent point à vases clos, sont tenus de se pourvoir d'une permission, ou s'ils en ont une, de la faire confirmer. Partout où il a été établi de ces fabriques, on les a dénoncées comme anéantissant la végétation et oxydant très-promptement le fer, et il importe d'en subordonner l'exploitation à l'accomplissement des formalités prescrites par le projet, afin de prouver aux propriétaires du voisinage que leurs intérêts ne sont pas plus perdus de vue que ceux des manufacturiers.

« J'ajoute que les plaintes dont elles ont été l'objet ont déterminé quelques préfets, notamment celui de la Seine-Inférieure, à ordonner des mesures particulières dont ils sollicitent l'approbation, et que j'ai ajourné ma décision jusqu'à ce que Votre Majesté ait pris un parti sur le travail que j'ai l'honneur de lui soumettre. Le projet ne fait subir la loi commune aux établissements en activité qu'autant qu'ils seront transférés d'un emplacement dans un autre, ou qu'il y aura dans leur exploitation une interruption de six mois ; alors il les assimile aux établissements à former, c'est-à-dire qu'ils ne peuvent être remis en activité qu'après avoir obtenu, s'il y a lieu, une nouvelle permission.

« Tels sont, Sire, les motifs qui m'ont dirigé dans la confection du travail que j'ai l'honneur de présenter à Votre Majesté. J'avais d'abord pensé qu'il convenait d'ordonner l'apposition d'affiches, toutes les fois qu'il serait adressé une demande en établissement d'une manufacture répandant une odeur insalubre ou incommode ; mais des réflexions ultérieures m'ont fait changer d'avis. Une disposition semblable aurait donné naissance à des oppositions nombreuses et souvent peu fondées, et empêché par suite la formation des fabriques de produits chimiques, fabriques qui méritent toute la protection et la bienveillance de Votre Majesté, puisqu'elles nous fournissent des produits pour lesquels nous étions auparavant tributaires de l'étranger. Il m'a paru préférable de faire procéder à des informations de *commodo* et *incommodo*, qui présentent toutes les garanties qu'on peut désirer. J'ai l'honneur de proposer à Votre Majesté de revêtir de son approbation le décret ci-joint. »

6. — Les dispositions du décret sont les suivantes :

« Art. 1er. A compter de la publication du présent décret, les manufactures et ateliers qui répandent une odeur insalubre ou incommode ne pourront être formés sans une permission de l'autorité administrative. Ces établissements seront divisés en trois classes.

« La première classe comprendra ceux qui doivent être éloignés des habitations particulières.

« La seconde, les manufactures et ateliers dont l'éloignement des habitations n'est pas rigoureusement nécessaire, mais dont il importe néanmoins de ne permettre la formation qu'après avoir acquis la certitude que les opérations qu'on y pratique sont exécutoires de manière à ne pas incommoder les propriétaires du voisinage, ni à leur causer des dommages.

« Dans la troisième classe seront placés les établissements qui peuvent rester sans inconvénient auprès des habitations, mais doivent rester soumis à la surveillance de la police.

« Art. 2. La permission nécessaire pour la formation des manufactures et ateliers compris dans la première classe, sera accordée, avec les formalités ci-après, par un décret rendu en notre conseil d'Etat. — Celle qu'exigera la mise en activité des établissements compris dans la seconde classe, le sera par les préfets, sur l'avis des sous-préfets. Les permissions pour l'exploitation des établissements placés dans la dernière classe seront délivrées par les sous-préfets, qui prendront préalablement l'avis des maires.

« Art. 3. La permission pour les manufactures et fabriques de première classe ne sera accordée qu'avec les formalités suivantes : la demande en autorisation sera présentée au préfet et affichée, par son ordre, dans toutes les communes, à cinq kilomètres de rayon. Dans ce délai, tout particulier sera admis à présenter ses moyens d'opposition. Les maires des communes auront la même faculté.

« Art. 4. S'il y a des oppositions, le conseil de préfecture donnera son avis, sauf la décision du conseil d'Etat.

« Art. 5. S'il n'y a pas d'opposition, la permission sera accordée, s'il y a lieu, sur l'avis du préfet et de notre ministre de l'intérieur.

« Art. 6. S'il s'agit de fabriques de soude, ou si la fabrique doit être établie dans la ligne des douanes, notre directeur général des douanes sera consulté.

« Art. 7. L'autorisation de former des manufactures et ateliers compris dans la seconde classe, ne sera accordée qu'après que les formalités suivantes auront été remplies :

« L'entrepreneur adressera d'abord sa demande au

sous préfet de son arrondissement, qui la transmettra au maire de la commune dans laquelle on projette de former l'établissement, en le chargeant de procéder à des informations de *commodo* et *incommodo*. Ces informations terminées, le sous-préfet prendra, sur le tout, un arrêté qu'il transmettra au préfet. Celui-ci statuera, sauf le recours à notre conseil d'Etat par toutes parties intéressées.

« S'il y a opposition, il y sera statué par le conseil de préfecture, sauf recours au conseil d'Etat.

« Art. 8. Les manufactures et ateliers ou établissements portés dans la troisième classe, ne pourront se former que sur la permission du préfet de police, à Paris, et sur celle du maire, dans les autres villes.

« S'il s'élève des réclamations contre la décision prise par le préfet de police ou les maires, sur une demande en formation de manufacture ou d'atelier compris dans la troisième classe, elles seront jugées au conseil de préfecture.

« Art. 9. L'autorité locale indiquera le lieu où les manufactures et ateliers compris dans la première classe pourront s'établir, et exprimera sa distance des habitations particulières. Tout individu qui ferait des constructions dans le voisinage de ces manufactures et ateliers après que la formation en aura été permise, ne sera plus admis à en solliciter l'éloignement.

« Art. 10. La division en trois classes des établissements qui répandent une odeur insalubre ou incommode, aura lieu conformément au tableau annexé au présent décret. Elle servira de règle toutes les fois qu'il sera question de prononcer sur des demandes en formation de ces établissements.

« Art. 11. Les dispositions du présent décret n'auront point d'effet rétroactif. En conséquence, tous les établissements qui sont aujourd'hui en activité continueront à être exploités librement, sauf les dommages dont pourront être passibles les entrepreneurs de ceux qui préjudicient aux propriétés de leurs voisins : les dommages seront arbitrés par les tribunaux.

« Art. 12. Toutefois, en cas de grave inconvénient pour la salubrité publique, la culture ou l'intérêt général, les fabriques ou ateliers de première classe qui les causent, pourront être supprimés en vertu d'un décret rendu en notre conseil d'Etat, après avoir entendu la police locale, pris l'avis des préfets, reçu la défense des manufacturiers ou fabricants.

« Art. 13. Les établissements maintenus par l'article 11 cesseront de jouir de cet avantage dès qu'ils seront transférés dans un autre emplacement, ou qu'il y aura une interruption de six mois dans leurs travaux. Dans l'un et l'autre cas, ils rentreront dans la catégorie des établissements à former, et ils ne pourront être remis en activité qu'après avoir obtenu s'il y a lieu, une nouvelle permission (1). »

7. — Nous aurons à appeler l'attention sur le décret de 1810 et à l'étudier dans son ensemble et

---

(1) Le tableau de classification annexé à ce décret, vient d'être remplacé par un tableau nouvellement dressé que nous reproduisons plus loin.

dans chacune des dispositions qu'il renferme, pour en préciser le sens et la portée. Mais il faut d'abord rechercher et faire connaître les actes réglementaires qui l'ont complété.

Dans l'année même qui suivit, le ministre de l'intérieur sentit la nécessité de joindre un état supplémentaire au tableau des établissements insalubres ou incommodes annexé au décret de 1810; et, en 1815, on dut refondre toute la nomenclature et pourvoir aux difficultés que l'application du décret avait rencontrées. Ce fut l'objet d'une ordonnance royale du 14 janvier, ainsi conçue :

« Art. 1er. À compter de ce jour, la nomenclature jointe à la présente ordonnance servira seule de règle pour la formation des établissements répandant une odeur insalubre ou incommode.

« Art. 2. Le procès-verbal d'information de *commodo et incommodo*, exigé par l'art. 7 du décret du 15 octobre 1810, pour la formation des établissements compris dans la seconde classe de la nomenclature, sera pareillement exigible, en outre de l'affiche de demande, pour la formation de ceux compris dans la première classe. Il n'est rien innové aux autres dispositions de ce décret.

« Art. 3. Les permissions nécessaires pour la formation des établissements compris dans la troisième classe seront délivrées, dans les départements, conformément aux art. 2 et 8 du décret du 15 octobre 1810, par les sous-préfets, après avoir pris préalablement l'avis des maires et de la police locale.

« Art. 4. Les attributions données au préfet et aux sous-préfets par le décret du 15 octobre 1810, relativement à la formation des établissements répandant une odeur insalubre ou incommode, seront exercées par notre directeur général de la police dans toute l'étendue du département de la Seine, et dans les communes de Saint-Cloud, de Meudon et de Sèvres. du département de Seine-et-Oise.

« Art. 5. Les préfets sont autorisés à faire suspendre la formation ou l'exercice des établissements nouveaux qui, n'ayant pu être compris dans la nomenclature précitée, seraient cependant de nature à y être placés : ils pourront accorder l'autorisation d'établissement pour tous ceux qu'ils jugeront devoir appartenir aux deux dernières classes de la nomenclature, en remplissant les formalités prescrites par le décret du 15 octobre 1810, sauf, dans les deux cas, à en rendre compte à notre directeur général des manufactures et du commerce. »

8. — Enfin, pour n'omettre aucune des dispositions législatives ou réglementaires qui dominent la matière dont nous avons à nous occuper, nous devons rappeler que le décret du 25 mars 1852 *sur la décentralisation administrative,* maintenu en ce point, par le décret du 6 avril 1861, a, par dérogation au décret de 1810, appelé les préfets *à statuer sur l'autorisation des établissements insalubres de première classe, dans les formes déterminées pour cette nature d'établissements, et avec les recours existant pour les établissements de deuxième classe* (1).

______

(1) C'est la disposition de l'art. 2 combiné avec le paragraphe 8 du tableau B, annexé au décret. L'art. 7, tel qu'il a été publié d'a-

9. — Le décret de 1810 considéré dans son intitulé et dans ses prescriptions, ne semble concerner que les ateliers répandant de l'odeur; cependant le tableau qui s'y trouve annexé comprend des établissements qui n'ont pu attirer l'attention de l'autorité que comme offrant des dangers d'explosion ou d'incendie, par exemple les ateliers des *artificiers*. D'un autre côté, la nomenclature, dans le système institué par le décret de 1810 et l'ordonnance de 1815, ne pouvait avoir rien de définitif. Or, parmi les ordonnances en grand nombre qui ont eu successivement pour objet de donner place à un établissement nouveau dans le tableau ou d'en faire passer un déjà mentionné d'une classe à une autre, et de tenir ainsi ce tableau constamment au courant des progrès de l'industrie, il en est plusieurs qui n'ont point hésité à prendre les motifs du classement, non pas dans les inconvénients d'odeur, mais dans les dangers d'explosion ou d'incendie inhérents à la fabrication. C'est ainsi, notamment, qu'une ordonnance du 25 juin

bord, déclarait le décret inapplicable au département de la Seine. Mais il résulte d'une rectification insérée sous forme d'*erratum*, au *Bulletin des lois*, à la suite du bulletin 524, nº 4,017, et p. 1180, que la rédaction définitive de l'art. 7 est celle-ci : « Les disposi- « tions des art. 1, 2, 3, 4 et 5 ne sont pas applicables *au départe- « ment de la Seine, en ce qui concerne l'administration départementale « proprement dite et celle de la ville et des établissements de bienfai- « sance de Paris.* » L'exception, par conséquent, ne s'étend pas aux objets qui tombent dans les attributions spéciales du préfet de police, et de ce nombre sont les établissements insalubres, dangereux ou incommodes.

1823, dont *l'objet est de prévenir les dangers qui peuvent résulter de la fabrication et du débit des différentes sortes de poudres et matières détonnantes et fulminantes*, dispose, indépendamment de prescriptions toutes particulières, que « les fabriques de poudres ou « matières détonnantes et fulminantes, de quelque « nature qu'elles soient, et les fabriques d'allumet- « tes, d'étoupilles ou autres objets du même genre, « préparés avec ces sortes de poudres ou matières, « feront partie de la première classe des *établissements* « *insalubres*[1] *ou incommodes* dont la nomenclature est « annexée à l'ordonnance du 14 janvier 1815. »

Il en résulte que la dénomination des manufactures soumises aux règles tracées par le décret de 1810 et l'ordonnance de 1815 doit être celle d'*ateliers et établissements dangereux, insalubres ou incommodes*.

Cette dénomination est aussi celle qui se rencontre dans l'énoncé d'ordonnances rendues en 1825, 1826, 1828 et 1833, mais elle a été modifiée par une interversion dans le décret du 31 décembre 1866 qui a arrêté, en dernier lieu, le classement des ateliers soumis à l'autorisation et qui les qualifie d'*ateliers insalubres, dangereux ou incommodes*.

10. — Le classement est établi en un tableau qu'on nous saura gré de reproduire.

Nomenclature des établissements insalubres, dangereux ou incommodes.

TABLEAU DE CLASSEMENT PAR ORDRE ALPHABÉTIQUE.

DÉSIGNATION DES INDUSTRIES.	INCONVÉNIENTS.	CLASSES.
Abattoirs publics	Odeur et altération des eaux.	1re.
Absinthe. (Voir *Distillerie*).		
Acide arsénique (Fabrication de l') au moyen de l'acide arsénieux et de l'acide azotique :		
1° Quand les produits nitreux ne sont pas absorbés.	Vapeurs nuisibles.	1re.
2° Quand ils sont absorbés	Idem.	2e.
Acide chlorhydrique (Production de l') par décomposition des chlorures de magnésium, d'aluminium et autres :		
1° Quand l'acide n'est pas condensé	Emanations nuisibles	1re.
2° Quand l'acide est condensé	Emanations accidentelles . .	2e.
Acide muriatique. (Voir *Acide chlorhydrique*).		
Acide nitrique.	Emanations nuisibles	3e.
Acide oxalique (Fabrication de l') :		
1° Par l'acide nitrique :		
a. Sans destruction des gaz nuisibles	Fumée.	1re.
b. Avec destruction des gaz nuisibles	Fumée accidentelle	3e.
2° Par la sciure de bois et la potasse. . . .	Fumée.	2e.
Acide picrique :		
1° Quand les gaz nuisibles ne sont pas brûlés.	Vapeurs nuisibles	1re.
2° Avec destruction des gaz nuisibles	Idem.	3e.
Acide pyroligneux (Fabrication de l') :		
1° Quand les produits gazeux ne sont pas brûlés	Fumée et odeur.	2e.
2° Quand les produits gazeux sont brûlés . .	Idem.	3e.
Acide pyroligneux (Purification de l').	Odeur	2e.
Acide stéarique (Fabrication de l') :		
1° Par distillation.	Odeur et danger d'incendie.	1re.
2° Par saponification	Idem	2e.
Acide sulfurique (Fabrication de l') :		
1° Par combustion du soufre et des pyrites	Emanations nuisibles	1re.
2° De Nordhausen par la décomposition du sulfate de fer.	Idem.	3e.
Acide urique. (Voir *Mureæide*).		
Acier (Fabrication de l').	Fumée.	3e.
Affinage de l'or et de l'argent par les acides . .	Emanations nuisibles	1re.
Affinage des métaux au fourneau. (Voir *Grillage des minerais*).		
Albumine (Fabrication de l') au moyen du sérum frais du sang.	Odeur	3e.
Alcali volatil. (Voir *Ammoniaque*).		
Alcools autres que le vin, sans travail de rectification	Altération des eaux	3e.
Idem. (Distillerie agricole)	Idem.	3e.
Alcool (Rectification de l').	Danger d'incendie.	2e.

DÉSIGNATION DES INDUSTRIES.	INCONVÉNIENTS.	CLASSES.
Agglomérés ou briquettes de houille (Fabrication des) :		
1° Au brai gras.	Odeur, danger d'incendie.	2e.
2° Au brai sec	Odeur.	3e.
Aldehyde (Fabrication de l')	Danger d'incendie.	1re.
Allumettes (Fabrication des) avec matières détonantes et fulminantes.	Danger d'explosion et d'incendie.	1re.
Alun. (Voir *Sulfate d'alumine*).		
Amidonneries :		
1° Par fermentation	Odeur, émanations nuisibles et altération des eaux.	1re.
2° Par séparation du gluten et sans fermentation.	Altération des eaux	2e.
Ammoniaque (Fabrication en grand de l') par la décomposition des sels ammoniacaux.	Odeur.	3e.
Amorces fulminantes (Fabrication des).	Danger d'explosion	1re.
Appareils de réfrigération :		
1° A ammoniaque.	Odeur.	3e.
2° A éther ou autres liquides volatils et combustibles.	Danger d'explosion et d'incendie.	3e.
Arcansons ou résines de pin. (Voir *Résines*, etc).		
Argenture sur métaux. (Voir *Dorure et argenture*).		
Arséniate de potasse (Fabrication de l') au moyen du salpêtre :		
1° Quand les vapeurs ne sont pas absorbées.	Emanations nuisibles	1re.
2° Quand les vapeurs sont absorbées	Emanations accidentelles	2e.
Artifices (Fabrication des pièces d').	Danger d'incendie et d'explosion.	1re.
Asphaltes, bitumes, brais et matières bitumineuses solides (Dépôts d')	Odeur, danger d'incendie.	3e.
Asphaltes et bitumes (Travail des) à feu nu.	Idem.	2e.
Ateliers de construction de machines et wagons. (Voir *Machines et wagons*).		
Bâches imperméables (Fabrication des) :		
1° Avec cuisson des huiles	Danger d'incendie.	1re.
2° Sans cuisson des huiles	Idem.	2e.
Baleine (Travail des fanons de). (V. *Fanons de baleine*)		
Baryte (Sulfate de) (Décoloration du) au moyen de l'acide chlorhydrique à vases ouverts.	Emanations nuisibles	2e.
Battage, cardage et épuration des laines, crins et plumes de literie	Odeur et poussière	3e.
Battage des cuirs (Marteaux pour le)	Bruit et ébranlement	3e.
Battage et lavage (Ateliers spéciaux pour les) des fils de laine, bourres et déchets de filature de laine et de soie dans les villes	Bruit et poussière.	3e.
Battage des tapis en grand	Idem.	2e.
Batteurs d'or et d'argent.	Bruit.	3e.
Battoir à écorces dans les villes.	Bruit et poussière.	3e.

DÉSIGNATION DES INDUSTRIES.	INCONVÉNIENTS.	CLASSES.
Benzine (Fabrication et dépôts de). (Voir *Huiles de pétrole, de schiste*, etc).		
Bitumes et asphaltes (Fabrication et dépôts. (Voir *Asphaltes, bitumes*, etc).		
Blanc de plomb. (Voir *Céruse*).		
Blanc de zinc (Fabrication de) par la combustion du métal	Fumées métalliques.	3ᵉ.
Blanchiment :		
1° Des fils, des toiles et de la pâte à papier par le chlore.	Odeur, émanations nuisibles.	2ᵉ.
2° Des fils et tissus de lin, de chanvre et de coton par les chlorures (hypochlorites) alcalins	Odeur, altération des eaux. .	3ᵉ.
3° Des fils et tissus de laine et de soie par l'acide sulfureux.	Émanations nuisibles	2ᵉ.
Bleu de Prusse (Fabrication de), (Voir *Cyanure de potassium*).		
Boues et immondices (Dépôts de) et voiries . . .	Odeur	1ʳᵉ.
Bougies de paraffine et autres d'origine minérale (Moulage des).	Odeur, danger d'incendie . .	3ᵉ.
Bougies et autres objets en cire et en acide stéarique	Danger d'incendie.	3ᵉ.
Bouillon de bière (Distillation de). (V. *Distilleries*).		
Bourre. (Voir *Battage*).		
Boutonniers et autres emboutisseurs de métaux par moyens mécaniques	Bruit.	3ᵉ.
Boyauderies. (Travail des boyaux frais pour tous usages)	Odeur, émanations nuisibles.	1ʳᵉ.
Boyaux et pieds d'animaux abattus (Dépôts de). (Voir *Chairs et débris*).		
Brasseries.	Odeur.	3ᵉ.
Briqueteries avec fours non fumivores	Fumée.	3ᵉ.
Briquettes ou agglomérés de houille. (V. *Agglomérés*)		
Brûleries des galons et tissus d'or ou d'argent. (Voir *Galons*).		
Buanderies	Altération des eaux.	3ᵉ.
Café (Torréfaction en grand du)	Odeur et fumée	3ᵉ.
Caillettes et caillons pour la confection des fromages. (Voir *Chairs et débris*, etc).		
Cailloux (Fours pour la calcination des)	Fumée.	3ᵉ.
Calcination des cailloux. (Voir *Cailloux*).		
Carbonisation du bois :		
1° A l'air libre dans des établissements permanents et autre part qu'en forêts	Odeur et fumée	2ᵉ.
2° En vases clos, { Avec dégagement dans l'air des produits gazeux de la distillation	Idem	2ᵉ.
{ Avec combustion des produits gazeux de la distillat.	Idem	3ᵉ.
Carbonisation des matières animales en général.	Odeur	1ʳᵉ.
Caoutchouc (Travail du) avec emploi d'huiles essentielles ou de sulfure de carbone.	Odeur, danger d'incendie. .	2ᵉ.

DÉSIGNATION DES INDUSTRIES.	INCONVÉNIENTS.	CLASSES.
Caoutchouc (Application des enduits du)	Danger d'incendie.	2e.
Cartonniers.	Odeur	3e.
Cendres d'orfèvre (Traitement des) par le plomb.	Fumées métalliques.	3e.
Cendres gravelées ·		
1º Avec dégagement de la fumée au dehors.	Fumée et odeur	1re.
2º Avec combustion ou condensation des fumées.	Idem.	2e.
Céruse ou blanc de plomb (Fabrication de la) . .	Émanations nuisibles	3e.
Chairs, débris et issues (Dépôts de) provenant de l'abattage des animaux	Odeur.	1re.
Chamoiseries	Idem.	2e.
Chandelles (Fabrication des)	Odeur, danger d'incendie. .	3e.
Chantiers de bois à brûler dans les villes. . . .	Émanations nuisibles, danger d'incendie	3e.
Chanvre (Teillage et rouissage du) en grand. (Voir aux mots Teillage ou Rouissage). . .		
Chanvre imperméable. (Voir Feutre goudronné).		
Chapeaux de feutre (Fabrication de)	Odeur et poussière	3e.
Chapeaux de soie ou autres préparés au moyen d'un vernis (Fabrication de)	Danger d'incendie.	2e.
Charbons agglomérés. (Voir Agglomérés).		
Charbon animal (Fabrication ou révivification du). (Voir Carbonisation des matières animales).		
Charbon de bois dans les villes (Dépôts ou magasins de).	Idem.	3e.
Charbon de terre. (Voir Houille et Coke).		
Chaudronnerie. (Voir Forges de grosses œuvres).		
Chaux (Fours à) :		
1º Permanents	Fumée, poussière	2e.
2º Ne travaillant pas plus d'un mois par an.	Idem	3e.
Chiens (Infirmeries de)	Odeur et bruit.	1re.
Chiffons (Dépôts de).	Odeur	3e.
Chlore (Fabrication du).	Idem.	2e.
Chlorure de chaux (Fabrication du) :		
1º En grand	Idem.	2e.
2º Dans les ateliers fabricant au plus 300 kilogrammes par jour	Idem.	3e.
Chlorures alcalins, eau de Javelle (Fabrication des).	Idem.	2e.
Chromate de potasse (Fabrication du)	Idem.	3e.
Chrysalides (Ateliers pour l'extraction des parties soyeuses des).	Idem.	1re.
Cire à cacheter (Fabrication de la)	Danger d'incendie.	3e.
Cochenille ammoniacale (Fabrication de la) . . .	Odeur	3e.
Cocons :		
1º Traitement des frisons de cocons	Altération des eaux	2e.
2º Filature de cocons. (Voir Filature).		
Coke (Fabrication du) :		
1º En plein air ou en fours non fumivores. .	Fumée et poussière	1re.
2º En fours fumivores	Poussière	2e.
Colle forte (Fabrication de la).	Odeur, altération des eaux.	1re.

DÉSIGNATION DES INDUSTRIES.	INCONVÉNIENTS.	CLASSES.
Combustion des plantes marines dans les établissements permanents . . . . (V. *Machines et wagons*).	Odeur et fumée	1re.
Construction (Ateliers de). (V. *Machines et wagons*).		
Cordes à instruments en boyaux (Fabrication de), (Voir *Boyauderies*).		
Corroieries	Odeur	2e.
Coton et coton gras (Blanchisserie des déchets de).	Altération des eaux	3e.
Cretons (Fabrication de)	Odeur, danger d'incendie. .	1re.
Crins (Teinture des). (Voir *Teintureries*).		
Crins et soies de porc (Préparation des) sans fermentation. . . . . (Voir aussi *Soies de porc par fermentation*).	Odeur et poussière.	2e.
Cristaux (Fabrication de). (Voir *Verreries*, etc).		
Cuirs vernis (Fabrication de)	Odeur et danger d'incendie.	1re.
Cuirs verts et peaux fraîches (Dépôts de)	Odeur	2e.
Cuivre (Dérochage du) par les acides.	Odeur, émanations nuisibles.	3e.
Cuivre (Fonte du) (Voir *Fonderies*, etc).		
Cyanure de potassium et bleu de Prusse (Fabrication de) :		
1° Par la calcination directe des matières animales avec la potasse	Odeur	1re.
2° Par l'emploi de matières préalablement carbonisées en vases clos	Idem.	2e.
Cyanure rouge de potassium ou prussiate rouge de potasse.	Emanations nuisibles	3e.
Débris d'animaux (Dépôts de). (Voir *Chairs*, etc)		
Déchets de matières filamenteuses (Dépôts de) en grand dans les villes	Danger d'incendie.	3e.
Dégras ou huile épaisse à l'usage des chamoiseurs et corroyeurs (Fabrication de)	Odeur, danger d'incendie. .	1re.
Dégraissage des tissus et déchets de laine par les huiles de pétrole et autres hydrocarbures . .	Danger d'incendie.	1re.
Dérochage du cuivre. (Voir *Cuivre*).		
Distilleries en général, eau-de-vie, genièvre, kirsch, absinthe et autres liqueurs alcooliques. . . .	Idem.	3e.
Dorure et argenture sur métaux	Emanations nuisibles	3e.
Eau de Javelle (Fabrication d'). (Voir *Chlorures alcalins*).		
Eau-de-vie. (Voir *Distilleries*).		
Eau forte. (Voir *Acide nitrique*).		
Eaux grasses (Extraction, pour la fabrication du savon et autres usages, des huiles contenues dans les) :		
1° En vases ouverts.	Odeur, danger d'incendie. .	1re.
2° En vases clos	Idem.	2e.
Eaux savonneuses des fabriques. (Voir *Huiles extraites des débris d'animaux*).		
Échaudoirs :		
1° Pour la préparation industrielle des débris d'animaux	Odeur	1re.

DÉSIGNATION DES INDUSTRIES.	INCONVÉNIENTS.	CLASSES.
2° Pour la préparation des parties d'animaux propres à l'alimentation	Idem.	3e.
Émail (Application de l') sur les métaux	Fumée.	3e.
Émaux (Fabrication d') avec fours non fumivores	Idem.	3e.
Encre d'imprimerie (Fabrique d')	Odeur, danger d'incendie. .	1re.
Engrais (Fabrication des) au moyen des matières animales	Odeur	1re.
Engrais (Dépôts d') au moyen des matières provenant de vidanges ou de débris d'animaux :		
1° Non préparés ou en magasin non couvert.	Idem.	1re.
2° Desséchés ou désinfectés et en magasin couvert, quand la quantité excède 25,000 kil.	Idem.	2e.
3° Les mêmes, quand la quantité est inférieure à 25,000 kil.	Idem.	3e.
Engraissement des volailles dans les villes (Établissement pour l')	Idem.	3e.
Éponges (Lavage et séchage des)	Odeur, altération des eaux. .	3e.
Équarrissage des animaux	Odeur, émanations nuisibles.	1re.
Étamage des glaces	Emanations nuisibles. . . .	3e.
Éther (Fabrication et dépôts d').	Danger d'incendie et d'explosion	1re.
Étoupilles (Fabrication d') avec matières explosives	Danger d'explosion et d'incendie.	1re.
Faïence (Fabrique de) :		
1° Avec fours non fumivores.	Fumée.	2e.
2° Avec fours fumivores	Fumée accidentelle	3e.
Fanons de baleine (Travail des).	Emanations incommodes . .	3e.
Farines (Moulins à). (Voir *Moulins*).		
Féculeries.	Odeur, altération des eaux. .	3e.
Fer-blanc (Fabrication du)	Fumée.	3e.
Feutres et visières vernis (Fabrication de) . . .	Odeur, danger d'incendie .	1re.
Feutre goudronné (Fabrication du)	Idem.	2e.
Filature des cocons (Ateliers dans lesquels la) s'opère en grand, c'est-à-dire employant au moins six tours	Odeur, altération des eaux. .	3e.
Fonderie de cuivre, laiton et bronze	Fumées métalliques.	3e.
Fonderies en deuxième fusion	Fumée.	3e.
Fonte et laminage du plomb, du zinc et du cuivre.	Bruit, fumée.	3e.
Forges et chaudronneries de grosses œuvres employant des marteaux mécaniques	Fumée, bruit	2e.
Formes en tôle pour raffinerie. (V. *Tôles vernies*).		
Fourneaux à charbon de bois. (Voir *Carbonisation du bois*).		
Fourneaux (Hauts)	Fumée et poussière	2e.
Fours pour la calcination des cailloux. (V. *Cailloux*).		
Fours à plâtre et fours à chaux. (V. *Plâtre, Chaux*).		
Fromages (Dépôts de) dans les villes.	Odeur	3e.
Fulminate de mercure (Fabrication du).	Danger d'explosion et d'incendie.	1re.

DÉSIGNATION DES INDUSTRIES.	INCONVÉNIENTS.	CLASSES.
Galipots ou résines de pin. (Voir *Résines*).		
Galons et tissus d'or et d'argent (Brûleries en grand des) dans les villes	Odeur	2e.
Gaz, goudrons des usines. (Voir *Goudrons*).		
Gaz d'éclairage et de chauffage (Fabrication du) :		
1° Pour l'usage public	Odeur, danger d'incendie	2e.
2° Pour l'usage particulier	Idem	3e.
Gazomètres pour l'usage particulier, non attenants aux usines de fabrication	Idem	3e.
Gélatine alimentaire et gélatine provenant de peaux blanches et de peaux fraîches non tannées (Fabrication de la)	Odeur	3e.
Générateurs à vapeur. (Régime spécial).		
Genièvre. (Voir *Distilleries*).		
Glaces (Étamage des). (Voir *Étamage*).		
Glace. (Voir *Appareils de réfrigération*).		
Goudrons (Usines spéciales pour l'élaboration des) d'origines diverses	Odeur danger d'incendie	1re.
Goudrons (Traitement des) dans les usines à gaz où ils se produisent	Idem	2e.
Goudrons et matières bitumineuses fluides (Dépôts de)	Idem	2e.
Goudrons et brais végétaux d'origines diverses (Élaboration des)	Idem	1re.
Graisses à feu nu (Fonte des)	Idem	1re.
Graisses pour voitures (Fabrication des)	Idem	1re.
Grillage des minerais sulfureux	Fumée, émanations nuisibles	1re.
Guano (Dépôts de) :		
1° Quand l'approvisionnement excède 25,000 k.	Odeur	1re.
2° Pour la vente au détail	Idem	3e.
Harengs (Saurage des)	Idem	3e.
Hongroieries	Idem	3e.
Houille (Agglomérés de). (Voir *Agglomérés*).		
Huile de Bergues (Fabrique d'). (Voir *Dégras*).		
Huiles de pétrole, de schiste et de goudron, essences et autres hydrocarbures employés pour l'éclairage, le chauffage, la fabrication des couleurs et vernis, le dégraissage des étoffes et autres usages :		
1° Fabrication, distillation et travail en grand.	Odeur et danger d'incendie.	1re.
2° Dépôts :		
a. Substances très-inflammables, c'est-à-dire émettant des vapeurs susceptibles de prendre feu (1) à une température de moins de 35 degrés :		
1° Si la quantité emmagasinée est, même temporairement, de 1,050 litres (2) ou plus.	Idem	1re.

(1) Au contact d'une allumette enflammée.

(2) Le fût généralement adopté par le commerce pour les pétroles est de 150 litres ; 1,050 litres représentent donc sept desdits fûts.

DÉSIGNATION DES INDUSTRIES.	INCONVÉNIENTS.	CLASSES.
2° Si la quantité, supérieure à 150 litres, n'atteint pas 1,050 litres	Idem.	2e.
b. Substances moins inflammables, c'est-à-dire n'émettant de vapeurs susceptibles de prendre feu (1) qu'à une température de 35 degrés et au-dessus :		
1° Si la quantité emmagasinée est, même temporairement, de 10,500 litres ou plus	Odeur et danger d'incendie.	1re.
2° Si la quantité emmagasinée, supérieure à 1,050 litres, n'atteint pas 10,500 litres . .	Idem.	2e.
Huile de pieds de bœuf (Fabrication d') :		
1° Avec emploi de matières en putréfaction.	Odeur	1re.
2° Quand les matières employées ne sont pas putréfiées	Idem.	2e.
Huiles de poisson (Fabrique d').	Odeur, danger d'incendie . .	1re.
Huile épaisse ou dégras. (Voir *Dégras*).		
Huiles de résine (Fabrication des)	Idem.	1re.
Huileries ou moulins à huile	Idem.	3e.
Huiles (Épuration des)	Idem.	3e.
Huiles essentielles ou essences de térébenthine, d'aspic et autres. (Voir *Huiles de pétrole, de schiste*, etc).		
Huiles et autres corps gras extraits des débris des matières animales (Extraction des).	Idem.	1re.
Huiles extraites des schistes bitumineux, (Voir *Huiles de pétrole, de schiste*, etc).		
Huiles (Mélange à chaud ou cuisson des) :		
1° En vases ouverts	Idem.	1re.
2° En vases clos	Idem.	2e.
Huiles rousses (Fabrication des) par extraction des cretons et débris de graisse à haute température.	Idem.	1re.
Impressions sur étoffes. (Voir *Toiles peintes*).		
Jute (Teillage du). (Voir *Teillage*).		
Kirsch. (Voir *Distilleries*).		
Laine. (Voir *Battage*).		
Laiteries en grand dans les villes.	Odeur	2e.
Lard (Ateliers à enfumer le).	Odeur et fumée	3e.
Lavage des cocons. (Voir *Cocons*).		
Lavage et séchage des éponges. (Voir *Éponges*).		
Lavoirs à houille	Altération des eaux	3e.
Lavoirs à laine	Idem.	3e.
Lignites (Incinération des)	Fumée, émanations nuisibles	1re.
Lin (Teillage en grand du). (Voir *Teillage*).		
Lin (Rouissage du). (Voir *Rouissage*).		
Liquides pour l'éclairage (Dépôts de) au moyen de l'alcool et des huiles essentielles	Danger d'incendie et d'explosion	2e.
Liqueurs alcooliques. (Voir *Distilleries*).		

(1) Au contact d'une allumette enflammée.

DÉSIGNATION DES INDUSTRIES.	INCONVÉNIENTS.	CLASSES.
Litharge (Fabrication de).	Poussière nuisible.	3e.
Machines et wagons (Ateliers de construction de).	Bruit, fumée	2e.
Machines à vapeur. (Voir *Générateurs*).		
Maroquineries.	Odeur.	3e.
Massicot (Fabrication du). . . . , ...	Emanations nuisibles	3e.
Mégisseries	Odeur.	3e.
Mélanges d'huiles. (Voir *Huiles, mélanges*, etc).		
Ménageries	Danger des animaux.	1re.
Métaux (Ateliers de) pour construction de machines et appareils. (Voir *Machines*).		
Minium (Fabrication du)	Emanations nuisibles	3e.
Morues (Sécheries des)	Odeur.	2e.
Moulins à broyer le plâtre, la chaux, les cailloux et les pouzzolanes.	Poussière	3e.
Moulins à huile. (Voir *Huileries*).		
Murexide (Fabrication de la) en vases clos par la réaction de l'acide azotique et de l'acide urique du guano.	Emanations nuisibles	2e.
Nitrate de fer (Fabrication du) :		
1° Lorsque les vapeurs nuisibles ne sont pas absorbées ou décomposées.	Idem.	1re.
2° Dans le cas contraire.	Idem.	3e.
Nitro-benzine, aniline et matières dérivant de la benzine (Fabrication de la).	Odeur, émanations nuisibles et danger d'incendie . . .	2e.
Noir des raffineries et des sucreries (Révivification du)	Emanations nuisibles, odeur.	2e.
Noir de fumée (Fabrication du) par la distillation de la houille, des goudrons, bitumes, etc . . .	Fumée, odeur.	2e.
Noir d'ivoire et noir animal (Distillation des os ou fabrication du) :		
1° Lorsqu'on n'y brûle pas les gaz.	Odeur	1re.
2° Lorsque les gaz sont brûlés	Idem.	2e.
Noir minéral (Fabrication du) par le broyage des résidus de la distillation des schistes bitumineux.	Odeur et poussière.	3e.
Oignons (Dessiccation des) dans les villes.	Odeur.	2e.
Olives (Confiserie des)	Altération des eaux	3e.
Olives (Tourteaux d'). (Voir *Tourteaux*).		
Orseille (Fabrication de l') :		
1° En vases ouverts.	Odeur.	1re.
2° A vases clos et employant de l'ammoniaque à l'exclusion de l'urine.	Idem.	3e.
Os (Torréfaction des) pour engrais :		
1° Lorsque les gaz ne sont pas brûlés	Odeur et danger d'incendie.	1re.
2° Lorsque les gaz sont brûlés	Idem.	2e.
Os d'animaux (Calcination des). (Voir *Carbonisation des matières animales*).		
Os frais (Dépôts d') en grand	Odeur, émanations nuisibles	1re.
Ouates (Fabrication des)	Poussière, danger d'incendie	3e.
Papiers (Fabrication de)	Danger d'incendie.	3e.

DÉSIGNATION DES INDUSTRIES.	INCONVÉNIENTS.	CLASSES.
Pâte à papier (Préparation de la) au moyen de la paille et autres matières combustibles	Altération des eaux	2e.
Parchemineries	Odeur	3e.
Peaux de lièvres et de lapins. (Voir *Secrétage*).		
Peaux de moutons (Séchage des)	Odeur et poussière	3e.
Peaux fraîches. (Voir *Cuirs verts*).		
Perchlorure de fer par dissolution de peroxide de fer (Fabrication de).	Emanations nuisibles	3e.
Pétrole. (Voir *Huiles de pétrole*, etc).		
Phosphore (Fabrication de)	Danger d'incendie.	1re.
Pileries mécaniques des drogues	Bruit et poussière	3e.
Pipes à fumer (Fabrication des) :		
1° Avec fours non fumivores	Fumée.	2e.
2° Avec fours fumivores	Fumée accidentelle	3e.
Plantes marines. (Voir *Combustion des plantes marines*).		
Plâtre (Fours à) :		
1° Permanents	Fumée et poussière	2e.
2° Ne travaillant pas plus d'un mois	Idem.	3e.
Plomb (Fonte et laminage du). (Voir *Fonte*, etc).		
Poêliers fournalistes, poêles et fourneaux en faïence et terre cuite. (Voir *Faïence*).		
Poils de lièvre et de lapin. (Voir *Secrétage*).		
Poissons salés (Dépôts de)	Odeur incommode.	2e.
Porcelaine (Fabrication de) :		
1° Avec fours non fumivores	Fumée.	2e.
2° Avec fours fumivores.	Fumée accidentelle	3e.
Porcheries.	Odeur, bruit.	1re.
Potasse (Fabrication de) par calcination des résidus de mélasse	Fumée et odeur.	2e.
Potasse. (Voir *Chromate de potasse*).		
Poteries de terre (Fabrication de) avec fours non fumivores.	Fumée.	3e.
Poudres et matières fulminantes (Fabrication de). (Voir aussi *Fulminate de mercure*).	Danger d'explosion et d'incendie.	1re.
Poudrette (Fabrication de) et autres engrais au moyen de matières animales).	Odeur et altération des eaux.	1er.
Poudrette (Dépôts de). (Voir *Engrais*).		
Pouzzolane artificielle (Fours à).	Fumée.	2e.
Protochlorure d'étain ou sel d'étain (Fabrication du)	Emanations nuisibles	3e.
Prussiate de potasse. (Voir *Cyanure de potassium*).		
Pulpes de pommes de terre. (Voir *Fécules*).		
Raffineries et fabriques de sucre	Fumée, odeur.	2e.
Résines, galipots et arcansons (Travail en grand pour la fonte et l'épuration des)	Odeur, danger d'incendie . .	1re.
Rogues (Dépôts de salaisons liquides connues sous le nom de)	Odeur	2e.
Rouge de Prusse et d'Angleterre	Emanations nuisibles	1re.

DÉSIGNATION DES INDUSTRIES.	INCONVÉNIENTS.	CLASSES.
Rouissage en grand du chanvre et du lin.	Emanations nuisibles et altération des eaux.	1re.
Rouissage en grand du chanvre et du lin par l'action des acides, de l'eau chaude et de la vapeur.	Idem.	2e.
Sabots (Ateliers à enfumer les) par la combustion de la corne ou d'autres matières animales dans les villes	Odeur et fumée	1re.
Salaison et préparation des viandes	Odeur.	3e.
Salaisons (Ateliers pour les) et le saurage des poissons	Idem.	2e.
Salaisons (Dépôts de) dans les villes	Idem.	3e.
Sang :		
1° Ateliers pour la séparation de la fibrine, de l'albumine, etc	Idem.	1re.
2° (Dépôts de) pour la fabrication du bleu de Prusse et autres industries.	Idem.	1re.
3° (Fabrique de poudre de) pour la clarification des vins.	Idem.	1re.
Sardines (Fabriques de conserves de) dans les villes	Idem.	2e.
Saucissons (Fabrication en grand de).	Idem.	2e.
Saurage des harengs. (Voir *Harengs*).		
Savonneries.	Idem.	3e.
Schistes bitumineux. (Voir *Huiles de pétrole, de schiste*, etc).		
Séchage des éponges. (Voir *Éponges*).		
Sécheries des morues. (Voir *Morues*).		
Secrétage des peaux ou poils de lièvre et de lapin.	Idem.	2e.
Sel ammoniac et sulfate d'ammoniaque (Fabrication du) par l'emploi des matières animales . .	Odeur, émanations nuisibles.	2e.
Sel ammoniac extrait des eaux d'épuration du gaz (Fabrique spéciale de).	Odeur	2e.
Sel de soude (Fabrication du) avec le sulfate de soude.	Fumée, émanations nuisibles	3e.
Sel d'étain. (Voir *Protochlorure d'étain*).		
Sirops de fécule et glucose (Fabrication des). . .	Odeur	3e.
Soie. (Voir *Chapeaux*).		
Soie. (Voir *Filature*).		
Soies de porc (Préparation des) :		
1° Par fermentation.	Idem	1re.
2° Sans fermentation (V. *Crins et soies de porc*).		
Soude. (Voir *Sulfate de soude*).		
Soudes brutes de varech (Fabrication des) dans les établissements permanents	Odeur et fumée	1re.
Soufre (Fusion ou distillation du).	Emanations nuisibles, danger d'incendie.	2e.
Soufre (Pulvérisation et blutage du).	Poussière, danger d'incendie	3e.
Sucre. (Voir *Raffineries et fabriques de sucre*).		
Suif brun (Fabrication du)	Odeur, danger d'incendie . .	1re.

DÉSIGNATION DES INDUSTRIES.	INCONVÉNIENTS.	CLASSES.
Suif en branches (Fonderies de) :		
1° A feu nu.	Odeur, danger d'incendie. . .	1re.
2° Au bain-marie ou à la vapeur.	Odeur.	2e.
Suif d'os (Fabrication du).	Odeur, altération des eaux, danger d'incendie.	1re.
Sulfate d'ammoniaque (Fabrication du) par le moyen de la distillation des matières animales.	Odeur.	1re.
Sulfate de baryte. (Voir *Baryte*).		
Sulfate de cuivre (Fabrication de) au moyen du grillage des pyrites.	Emanations nuisibles, fumée	1re.
Sulfate de mercure (Fabrication du) :		
1° Quand les vapeurs ne sont pas absorbées.	Emanations nuisibles	1re.
2° Quand les vapeurs sont absorbées.	Emanations moindres	2e.
Sulfate de peroxyde de fer (Fabrication du) par le sulfate de protoxyde de fer et l'acide nitrique (nitro-sulfate de fer)	Emanations nuisibles	2e.
Sulfate de protoxyde de fer ou couperose verte par l'action de l'acide sulfurique sur la ferraille (Fabrication en grand du)	Fumée, émanations nuisibles	3e.
Sulfate de soude (Fabrication du) :		
1° Par la décomposition du sel marin, par l'acide sulfurique sans condensation de l'acide chlorhydrique.	Emanations nuisibles	1re.
2° Avec condensation complète de l'acide chlorhydrique	Idem.	2e.
Sulfate de fer, d'alumine et alun (Fabrication, par le lavage des terres pyriteuses et alumineuses grillées, du)	Fumée et altération des eaux	3e.
Sulfure de carbone (Fabrication du)	Odeur, danger d'incendie . .	1re.
Sulfure de carbone (Manufactures dans lesquelles on emploie en grand le)	Danger d'incendie.	1re.
Sulfure de carbone (Dépôts de). (Suivent le régime des huiles de pétrole).		
Sulfures métalliques. (Voir *Grillage des minerais sulfureux*).		
Tabacs (Manufacture de)	Odeur et poussière	2e.
Tabac (Incinération des côtes de).	Odeur et fumée	1re.
Tabatières en carton (Fabrication des)	Odeur et danger d'incendie.	3e.
Taffetas et toiles vernis ou cirés (Fabrication de)	Idem	1re.
Tan (Moulins à).	Bruit et poussière.	3e.
Tanneries.	Odeur	2e.
Teintureries.	Odeur et altération des eaux	3e.
Teintureries de peaux.	Odeur	3e.
Terres émaillées (Fabrication de) :		
1° Avec fours non fumivores.	Fumée	2e.
2° Avec fours fumivores	Fumée accidentelle	3e.
Terres pyriteuses et alumineuses (Grillage des). .	Fumée, émanations nuisibles	1re.
Teillage du lin, du chanvre et du jute en grand.	Poussière et bruit.	2e.

DÉSIGNATION DES INDUSTRIES.	INCONVÉNIENTS.	CLASSES.
Térébenthine (Distillation et travail en grand de la). (Voir *Huiles de pétrole, de schiste*, etc).		
Tissus d'or et d'argent (Brûleries en grand des). (Voir *Galons*).		
Toiles cirées. (Voir *Taffetas et toiles vernis*).		
Toiles (Blanchiment des). (Voir *Blanchiment*).		
Toiles grasses pour emballage, tissus, cordes goudronnées, papiers goudronnés, cartons et tuyaux bitumés (Fabrique de) :		
1° Travail à chaud	Odeur, danger d'incendie.	2e.
2° Travail à froid.	Idem.	3e.
Toiles peintes (Fabrique de)	Odeur	3e.
Toiles vernies (Fabrique de). (Voir *Taffetas et toiles vernis*).		
Tôles et métaux vernis	Odeur, danger d'incendie.	3e.
Tonnellerie en grand opérant sur des fûts imprégnés de matières grasses et putrescibles	Bruit, odeur et fumée.	2e.
Torches résineuses (Fabrication de).	Odeur et danger du feu.	2e.
Tourbe (Carbonisation de la) :		
1° A vases ouverts	Odeur et fumée	1re.
2° En vases clos	Odeur.	2e.
Tourteaux d'olives (traitement des) par le sulfure de carbone	Danger d'incendie.	1re.
Tréfileries.	Bruit et fumée.	3e.
Triperies annexes des abattoirs.	Odeur et altération des eaux.	1re.
Tueries d'animaux. (Voir aussi *Abattoirs publics*).	Danger des animaux, odeur.	2e.
Tueries avec fours non fumivores	Fumée.	3e.
Urate (Fabrique d'). (Voir *Engrais préparés*).		
Vacheries dans les villes de plus de 5,000 habitants.	Odeur et écoulement des urines.	3e.
Varech. (Voir *Soudes de varech*).		
Vernis gras (Fabrique de).	Odeur, danger d'incendie.	1re.
Vernis à l'esprit-de-vin (Fabrique de)	Odeur, danger d'incendie.	2e.
Vernis (Ateliers où l'on applique le) sur les cuirs, feutres, taffetas, toiles, chapeaux. (V. ces mots).		
Verreries, cristalleries et manufactures de glaces :		
1° Avec fours non fumivores	Fumée, danger d'incendie.	2e.
2° Avec fours fumivores	Danger d'incendie.	3e.
Viandes (Salaisons des). (Voir *Salaisons*).		
Visières et feutres vernis (Fabrique de). (Voir *Feutres et visières*)		
Voiries. (Voir *Boues et immondices*).		
Wagons et machines (Construction de). (Voir *Machines*, etc).		

11. — Le moment est venu d'entrer dans l'examen des dispositions qui composent la législation dont nous venons de présenter l'ensemble.

Pour faciliter cette étude, nous distinguerons les dispositions dont l'application est confiée au pouvoir administratif de celles dont l'application est confiée au pouvoir judiciaire.

La réglementation des ateliers et établissements insalubres, dangereux ou incommodes a, d'ailleurs, pour base, on l'a vu, une division de ces ateliers et établissements en trois classes. Les règles relatives à la demande en autorisation, les formalités et les compétences sont différentes suivant les classes ; nous traiterons donc séparément de chaque classe, sauf à indiquer ensuite les principes communs à toutes.

CHAPITRE DEUXIÈME.

Établissements de la première classe.

12. — Motifs généraux de classement

13. — Demande à adresser pour obtenir l'autorisation de former un établissement. — Rédaction de cette demande.

14. — Affichage de la demande. — Oppositions.

15. — Enquête de *commodo* et *incommodo*.

16. — Avis du conseil d'hygiène et de salubrité.

17. — Conditions à insérer dans les actes d'autorisation.

18. — Décision.

12. — La première classe comprend les établissements qu'il est nécessaire d'éloigner des maisons à raison des exhalaisons qui s'en dégagent ou des accidents auxquels ils peuvent donner lieu. C'est à raison de l'odeur qu'ils répandent que les ateliers d'équarrissage et de poudrette, les boyauderies et les amidonneries ont été rangés dans cette classe, et c'est à raison des dangers d'explosion qu'on y a également placé les ateliers d'artificiers et les poudrières.

13. — Le fabricant qui veut créer un établissement de première classe adresse une demande d'autorisation au préfet du département dans lequel l'atelier doit être établi. (Voy. décr. 15 oct. 1810, art. 3). Dans le département de la Seine, ou dans les communes du ressort de la préfecture de police (voy. *suprà*, tit. I, chap. III, n° 478), la demande est adressée au préfet

de police qui remplit les fonctions des préfets de département ; en ce qui concerne les établissements classés. (Voy. ord. du 14 janvier 1815, art. 4).

Toute demande de ce genre doit désigner avec précision le siége de l'atelier, la nature des opérations qu'il a pour objet, et être accompagnée d'un plan en double expédition. Dans ce plan sont indiqués l'emplacement qui devra être occupé par les appareils, les dispositions intérieures du local et la distance qui le sépare des habitations ou des terrains particuliers (1).

(1) « Toute pétition ayant pour but la formation d'un établissement rentrant sous l'application du décret du 15 octobre 1810 et de l'ordonnance du 15 janvier 1815, doit être produite sur timbre et désigner avec précision le siége de l'usine, la nature des opérations qui y seront pratiquées, ainsi que les matières que l'on se propose de travailler.

« A cette pétition doivent être joints deux plans fournis chacun en double expédition. L'un de ces plans reproduit l'état général des propriétés, maisons d'habitation ou autres, voisines de l'emplacement projeté, dans un rayon de 500 mètres pour la première classe, de 200 mètres pour la deuxième et de 100 mètres pour la troisième. Ce plan ne doit pas être une reproduction du cadastre, mais indiquer avec la plus grande exactitude la nature des terrains. Il doit être établi à l'échelle de 1 à 2,500 mètres.

« Le second plan présente les dispositions intérieures de l'usine à l'échelle géométrique de 5 millimètres par mètre.

« S'il s'agit d'appareils à vapeur, les demandes d'autorisation doivent : 1° renfermer tous les renseignements énoncés en l'art. 5 de l'ordonnance du 22 mai 1843 (cette ordonnance a été rapportée et remplacée par un décret du 25 janvier 1865) ; 2° être accompagnées, indépendamment des plans désignés ci-dessus, d'un plan géométrique détaillé de l'appareil à l'échelle de 5 millimètres par mètre.

« Ces plans, dressés par un homme de l'art, architecte ou géomètre, doivent être orientés, porter une légende avec lettres de

14. — Le préfet donne ensuite des ordres pour que la demande soit affichée dans toutes les communes à cinq kilomètres de rayon, pendant un temps que le décret de 1810, pas plus que l'ordonnance de 1815, n'a déterminé, mais qui a été fixé à un mois par une décision du ministre de l'intérieur, du 4 mars 1815.

Tout particulier est admis, durant ce délai, à se présenter à la mairie pour déclarer qu'il entend s'opposer à l'établissement et donner les motifs de son opposition. Le maire est, d'ailleurs, en droit d'en faire autant au nom et dans l'intérêt de la commune elle-même. (Voy. décr. 1810, art. 3).

Le délai d'un mois expiré, chacune des autorités locales dans le ressort de laquelle les affiches ont été apposées, transmet au sous-préfet un procès-verbal constatant l'accomplissement de cette formalité, indiquant les lieux où l'apposition des affiches a été faite, et s'il est survenu ou non des oppositions. Le sous-préfet prend, sur le tout, un arrêté en forme d'avis et le transmet ensuite au préfet.

L'apposition des affiches est de rigueur. Si l'on avait omis d'y faire procéder, ne fût-ce que dans une seule des communes situées dans le rayon de cinq kilomètres tracé par le décret, les habitants qui, par suite, n'auraient pas été mis en demeure de faire valoir leurs moyens d'opposition seraient en droit de demander l'annulation de l'acte d'autorisation. (Voy. décr. 22 août 1853, Danglade). Nous croyons même

---

renvoi et être certifiés conformes à l'état actuel des lieux par le maire de la commune dans laquelle l'établissement doit être formé.» (Instruction du min. des trav. publics, 1862, n° 51).

qu'ils n'auraient pas seulement la ressource d'en appeler au conseil de préfecture, mais qu'ils seraient fondés à soutenir que le préfet a mis en oubli les formes assignées à l'exercice de son pouvoir, et à frapper son arrêté d'un recours direct au conseil d'Etat.

15. — A la formalité des affiches, que le décret de 1810 avait jugée suffisante pour les établissements de première classe, l'ordonnance de 1815 a ajouté celle des enquêtes de *commodo* et *incommodo* qui n'avait été prescrite que pour les ateliers de la seconde. Cette formalité doit être remplie dans la commune désignée pour être le siége de l'établissement projeté. L'acte en est dressé par le maire (1), et, à Paris, par les commissaires de police. Ces fonctionnaires sont tenus d'y apporter le plus grand soin. Il est dans l'esprit de la loi que les informations soient prises directement, de vive voix ou par écrit auprès des propriétaires qui sont, par la situation de leurs habitations, le plus exposés aux inconvénients résultant de l'exploitation. Le maire doit consigner, ensuite, dans le procès-verbal, leur opposition et ses motifs ou leur adhésion pure et simple ou conditionnelle, et indiquer les noms et domicile de ceux qui ne se sont pas présentés, en constatant qu'ils ont été prévenus à temps, et mis en demeure de faire, sur la demande, telles observations qu'ils auraient estimées justes.

---

(1) Sauf, néanmoins, le cas où le maire, agissant comme propriétaire, formerait opposition à la demande. Alors, il convient que l'enquête soit faite par un adjoint. (Voy. *le Code administratif des établissements dangereux*, par M. Trébuchet, ch. I, sect. 3).

L'enquête n'est pas soumise à un délai fatal. L'autorité est toujours maîtresse d'en proroger le terme dans l'intérêt de l'instruction de l'affaire. Il faut d'ailleurs, remarquer que le droit de former opposition ne s'évanouit pas après que l'enquête est terminée. Les propriétaires intéressés peuvent encore l'exercer après cette époque. Dans ce cas, leur opposition est directement adressée au préfet.

16. — L'enquête fait la base de l'instruction. Tout arrêté qui intervient sans que cette formalité ait été remplie est, par cela même, entaché d'excès de pouvoir. (Voy. décr. 6 mai 1853, Perrache).

Néanmoins, les renseignements fournis par l'enquête ne sont pas les seuls à prendre en considération. Le préfet doit aussi emprunter les lumières des gens de l'art ; il a à consulter le conseil d'hygiène et de salubrité de l'arrondissement. L'avis de ce conseil suffira, le plus ordinairement, pour l'édifier, soit sur la question de savoir s'il convient d'accorder ou de refuser l'autorisation, soit sur la détermination des conditions à imposer au fabricant à l'effet de parer aux inconvénients que pourrait entraîner l'exercice de son industrie. Cependant, le ministre se fait un devoir de mettre, pour les cas graves, le comité consultatif des arts et manufactures à la disposition des préfets. Ils sont autorisés, lorsqu'ils sentent la nécessité de prendre l'avis de ce comité, à adresser les pièces de l'affaire au ministre qui les soumet lui-même au comité et transmet ensuite au préfet l'avis qu'il a demandé.

17. — La prévoyance du ministre est allée plus oin. Il a voulu les guider en quelque sorte lui-même,

et il a pris soin de leur indiquer les prescriptions que l'administration supérieure était, dans l'usage d'insérer dans les actes d'autorisation pour les établissements qui présentent le plus d'inconvénient. Ces conditions sont les suivantes :

« *Fabrique d'acide sulfurique.* — 1° Elever la cheminée de l'usine servant au dégagement du gaz à une hauteur convenable, qui sera déterminée d'après l'examen de la localité ;

« 2° Condenser complétement les vapeurs ou gaz odorants ou nuisibles.

« *Fabrique d'allumettes chimiques.* — 1° N'employer dans la confection des allumettes ni chlorate de potasse, ni aucun autre sel rendant les mélanges explosibles ;

« 2° Broyer à sec et séparément les matières premières dont on fait usage ;

« 3° Ne jamais préparer à la fois au-delà d'un litre de matières mélangées de phosphore, lesquelles devront être conservées à la cave, dans un vase plongé dans l'eau ;

« 4° Se livrer à cette fabrication dans un atelier légèrement construit, plafonné et non planchéié, et isolé de toute construction ;

« 5° Recouvrir en plâtre tous les bois apparents dans les pièces où l'on confectionne les allumettes ;

« 6° Déposer les objets fabriqués dans un local séparé qui ne présente aucun danger sous le rapport du feu ;

« 7° Opérer le transport des allumettes fabriquées dans des boîtes en métal, tel que fer-blanc, zinc, etc.

« Se conformer, en outre, à toutes les dispositions

des réglements existants, et à toutes celles qui pourraient être prescrites ultérieurement sur le fait des fabriques d'allumettes chimiques.

« N.-B. L'autorisation devra être limitée à cinq ans.

« *Fabrique d'amorces fulminantes.* — 1° Se conformer à toutes les dispositions prescrites par les ordonnances des 25 juin 1823 et 30 octobre 1836, pour les fabriques de poudre ou matières fulminantes;

« 2° Construire le séchoir et l'atelier de tamisage en matériaux légers et la poudrière en maçonnerie; séparer les diverses parties de l'établissement par des talus en terre de trois mètres de hauteur;

« 3° Etablir, en dehors des talus, les fourneaux du séchoir, pour l'élévation de la température duquel il ne sera employé que la vapeur ou l'eau chaude.

« N. B. L'autorisation devra être limitée à cinq ans.

« *Artificiers.* — 1° Etablir la poudrière au-dessus du niveau du sol, et la couvrir d'une toiture légère;

« 2° Ne jamais avoir en dépôt plus de quatre à cinq kilogrammes de poudre à la fois pour les besoins de la fabrication.

« N. B. L'autorisation devra être limitée à cinq ans.

Boyauderies. — 1° Tenir l'atelier dans un grand état de propreté au moyen de fréquents lavages, soit à l'eau pure, soit à l'eau chlorurée;

« 2° Ne recevoir que des menus convenablement préparés ou nettoyés;

« 3° Ne conserver aucun des résidus susceptibles de fermenter ou de se putréfier;

« 4° Donner un écoulement rapide aux eaux de lavage.

« *Calcination des os.* — 1° Clore l'établissement de murs ;

« 2° Apporter les os dans l'établissement complétement décharnés et limiter les approvisionnements aux besoins de la fabrication ;

« 3° Opérer la calcination des os à vases clos, et diriger la fumée des fours dans une cheminée commune, construite en briques et élevée de dix mètres au-dessus du sol.

« *Ateliers d'équarrissage et de cuisson de débris d'animaux.* — 1° Clore l'établissement de murs et l'entourer d'arbres ;

« 2° Paver les cours intérieures ; daller les caves à abattre les animaux, et y opérer de fréquents lavages ;

« 3° Garnir de dalles cimentées à la chaux hydraulique, jusqu'à un mètre de hauteur, le pourtour de l'atelier d'abatage et celui des ateliers de cuisson ;

« 4° Recevoir les matières liquides résultant du travail de l'équarrissage dans des citernes voûtées et closes ; soumettre les chairs et les autres matières animales à une dessiccation suffisante pour qu'elles ne soient plus sujettes à se corrompre ;

« 5° Ne faire dans l'établissement aucune accumulation d'os ou de résidus ;

« 6° Faire la cuisson des chairs à vases clos, dans les vingt-quatre heures de l'abatage ;

« 7° Ne transporter les animaux morts à l'équarrissage que dans des voitures couvertes et munies d'une plaque indiquant leur destination.

« *Dépots d'engrais, de poudrette*, etc. — 1º Désinfecter les matières fécales dans les fosses d'aisances et les transporter au moyen de tonneaux hermétiquement fermés ;

« 2º Déposer les matières dans des fosses récouvertes de hangars, et les couvrir de charbon, afin d'éviter toute émanation désagréable ;

« 3º Construire les fosses destinées à recevoir les matières fécales en maçonnerie et les cimenter de façon à empêcher le liquide de filtrer à travers les terres et d'infecter les puits ou citernes ;

« 4º Déposer sous les hangars, et à l'abri de l'humidité, les matières converties en engrais.

« *Fonderie de suif*. — 1º Recouvrir la chaudière dans laquelle la graisse est mise en fusion d'une hotte en planches parfaitement jointes ;

« 2º Mettre cette hotte en communication avec la cheminée de tirage, et luter les joints de manière à forcer les vapeurs de se rendre dans le tuyau d'appel.

« *Fabrique de toiles cirées, de cuirs vernis, de vernis.* — 1º Faire construire l'étuve en matériaux incombustibles ;

« 2º Construire en plâtre et moellons le local où l'on fait cuire les huiles, et surmonter les chaudières d'une hotte avec un tuyau pour le dégagement des vapeurs.

« *Triperies*. — N'amener dans la triperie que des matières fraîches, parfaitement lavées et prêtes à être soumises à la cuisson (1). »

____

(1) Ce tableau a été adressé par M. le ministre de l'intérieur aux préfets, comme annexe d'une circulaire à la date du 15 décembre 1852, dans laquelle il leur disait :

18. — Avant le décret *sur la décentralisation*, le préfet s'assurait que toutes les formalités avaient été remplies, et adressait au ministre un rapport général sur l'instruction de l'affaire, avec son avis. L'affaire était ensuite soumise par le ministre au conseil d'Etat, et il était statué par le chef de l'Etat.

Aujourd'hui, le préfet n'a point à transmettre les pièces au ministre, ni à le consulter ; d'après le décret du 24 mars 1852, c'est à lui de prononcer directement par un arrêté qui accorde ou refuse l'autorisation.

« Votre responsabilité s'étant accrue en raison de l'extension de vos pouvoirs, je ne saurais trop vivement vous engager à provoquer, dans l'examen des demandes en autorisation d'établissements de première classe, tous les avis qui pourraient être utiles ; je vous ai déjà invité, par ma circulaire du 6 avril, à consulter, sur toutes ces affaires, le conseil d'hygiène et de salubrité de l'arrondissement. Je tiens, en outre, à votre disposition, pour les cas les plus graves, les hautes lumières du comité consultatif des arts et manufactures ; les dossiers que vous m'enverrez pour lui être soumis seront l'objet d'un examen attentif, et vous trouverez toujours, dans les rapports du comité, de précieux éléments de décision.

« Désirant vous aider dans l'accomplissement de cette nouvelle et importante partie de vos devoirs administratifs, j'ai fait dresser un tableau (annexe A) indiquant les conditions d'exploitation qu'il est dans l'usage d'exiger à l'égard des établissements qui présentent le plus d'inconvénients pour le voisinage. Vous y trouverez les garanties qu'il importe d'exiger communément dans les autorisations. Elles m'ont paru applicables à la plupart des cas ; mais vous aurez à y ajouter ou à en retrancher certaines conditions suivant les différences des situations, et en tenant compte des divers modes et systèmes de fabrication. Ainsi comprises, les indications de l'annexe précitée seront souvent un guide utile, et elles produiront, autant que possible, l'uniformité si désirable dans cette partie de la jurisprudence administrative. »

19. — Dans l'exposé que nous venons de présenter, nous avons supposé que la demande n'avait pas rencontré d'opposition ; mais il n'en est pas toujours ainsi, et dans le cas où soit les propriétaires voisins, soit les maires des communes, interviennent et forment opposition, la marche est moins rapide. Le préfet est tenu, avant de prononcer, de soumettre l'affaire au conseil de préfecture, pour avoir son avis. (Voy. ord. 22 juin 1825, Barlatier). Le décret sur la décentralisation, en effet, n'a apporté aucune modification aux règles tracées pour l'instruction. Il délègue les préfets pour statuer « sur l'autorisation des « établissements insalubres de première classe, *dans* « *les formes déterminées pour cette nature d'établissements,* « et avec les recours existant aujourd'hui pour les « établissements de deuxième classe. » (Voy. décr. 25 mars 1852, art. 2, tableau B). Les formes sont donc maintenues, et on n'emprunte aux dispositions concernant les établissements de seconde classe que celles qui régissent les recours.

Il faut, au surplus, remarquer que le préfet ne s'adresse au conseil de préfecture que pour lui demander un conseil, pour avoir son avis. Le conseil de préfecture n'a point à prononcer comme tribunal, il n'est appelé qu'à déclarer s'il pense qu'il y ait lieu d'accorder l'autorisation et à quelles conditions. Cela est important à ne pas perdre de vue, car l'appréciation à laquelle le conseil de préfecture a à se livrer ne doit pas faire obstacle à la juridiction qu'il pourra avoir ultérieurement à exercer sur le recours des tiers-opposants (6 août 1861, Brisset).

20. — Nous venons, en reproduisant les termes

du décret du 25 mars 1852, de dire que le préfet statuait sur l'autorisation des établissements de première classe *avec les recours existant pour les établissements de deuxième classe.* Or, pour les établissements de deuxième classe, il est de principe que le recours direct devant le conseil d'Etat est ouvert au postulant contre l'arrêté préfectoral qui lui refuse l'autorisation, ou le soumet à des conditions trop onéreuses; et que les tiers qui ont à se plaindre d'un arrêté d'autorisation doivent saisir de leurs réclamations non pas le conseil d'Etat, mais le conseil de préfecture. Voilà donc les règles à suivre à l'égard des arrêtés en matière d'établissements de première classe. Si le fabricant qui a demandé l'autorisation se propose de faire réformer l'arrêté du préfet, il doit porter son recours devant le conseil d'Etat, sans en appeler d'abord au ministre, et cela dans un délai de trois mois à partir de la notification. Si l'arrêté ne fait grief qu'à des tiers, c'est devant le conseil de préfecture que la réclamation doit se produire (1).

Ces règles n'ont point à souffrir de l'art. 6 du décret du 25 mars 1852 qui porte : « Les préfets ren-
« dront compte de leurs actes aux ministres compé-
« tents dans les formes et pour les objets déterminés
« par les instructions que ces ministres leur adresse-
« ront. Ceux de ces actes qui seraient contraires aux
« lois et réglements, ou qui donneraient lieu aux ré-
« clamations des parties intéressées, pourront être
« annulés ou réformés par les ministres compétents. »

(1) Nous développerons ces principes dans le paragraphe suivant, en parlant des établissements de seconde classe.

Cette disposition générale n'a trait qu'aux objets pour lesquels le recours n'a pas été spécialement prévu et organisé et ne saurait prévaloir contre les termes de l'art. 2 qui adopte expressément, pour les actes des préfets relatifs aux établissements de première classe, les recours existant pour les établissements de deuxième classe. D'un autre côté, le ministre aurait prévenu le doute, s'il avait pu surgir, dans l'interprétation du décret; car non-seulement il n'a pas compris les établissements insalubres au nombre des objets pour lesquels le recours serait ouvert devant lui, mais ses instructions disent formellement que le recours au conseil d'Etat ou l'appel au conseil de préfecture sont les seules voies de recours (1).

(1) « Le paragraphe 9 du tableau B annexé à l'article 2 du décret, écrit le ministre de l'intérieur, dans une circulaire, à la date du 15 décembre 1852, chargeant les préfets de statuer sur les demandes en autorisation de créer des ateliers insalubres ou incommodes de première classe, avec les recours existants pour les ateliers de deuxième classe; je crois devoir, pour prévenir toute hésitation, vous tracer la marche à suivre en cas de pourvoi.

« Lorsqu'une demande en autorisation est admise par l'autorité préfectorale, ceux qui croient avoir à s'en plaindre, qu'ils aient ou non figuré dans l'enquête, sont indistinctement reçus à former opposition devant le conseil de préfecture, qui statue contradictoirement, sauf recours au conseil d'Etat.

« Dans l'hypothèse contraire, c'est-à-dire quand l'autorisation a été refusée, la seule voie ouverte au demandeur est celle du recours au conseil d'Etat; son appel au conseil de préfecture ne serait pas recevable.

« C'est en ce sens que doit être entendu l'art. 7 du décret du 15 octobre 1810, interprété par la circulaire du 3 novembre 1828, et c'est d'après ces principes que doivent être, désormais, introduits les recours en matière d'établissements de première classe.»

21. — Les dispositions relatives aux établissements insalubres, dangereux ou incommodes ont
leurs motifs dans ces inconvénients inhérents à l'industrie dont ces établissements sont le siége. Le plus
ou moins de garantie à attendre de l'expérience ou
de l'habileté du fabricant, indépendamment des perfectionnements qui peuvent caractériser ses moyens
d'exploitation, ne saurait donc justifier aucune dérogation aux mesures de précaution édictées par les
décrets et ordonnances.

L'administration même ne devrait, à notre avis,
jouir de nul privilége.

Mais il faut prendre garde de méconnaître, dans
l'application à lui faire de ce principe, la position
toute particulière qu'elle doit aux lois qui rassem-
blent et concentrent dans ses mains tous les intérêts
de la société. Il n'est point impossible que l'administration se trouve, dans certains cas, fondée à se prévaloir d'exigences d'ordre supérieur pour échapper
aux exigences des intérêts que le décret de 1810 et
les ordonnances postérieures ont eu pour objet de
protéger. C'est ce qui a notamment lieu pour les dispositions concernant les poudreries de l'Etat.

La ville de Metz entreprit vainement, en 1844, de
faire revenir le conseil d'Etat de la jurisprudence établie sur ce point par diverses ordonnances, et notamment par celle du 20 novembre 1822, rendue sur la
requête d'un sieur Delaitre.

Cette ville avait formé opposition à la construction
d'une poudrerie nationale dans l'île de Sauley, qui
fait partie de son territoire. Elle soutenait, à l'appui
de son opposition, que les usines à poudre tombaient

inévitablement sous le coup du décret de 1810, qui met les ateliers d'*artificiers* au nombre des établissements dangereux de première classe, et des ordonnances de 1823 et 1836, spéciales aux fabriques de poudre *détonnante et fulminante*; et elle poursuivait en ces termes :

« Le décret de 1810, dit-on, n'est point applicable « aux établissements publics, c'est-à-dire *aux usines* « *exploitées par le gouvernement*, parce qu'il serait ab- « surde que l'administration, qui accorde l'autorisa- « tion aux autres, fut obligée de se la demander à « elle-même. Ce résultat ne peut paraître absurde « qu'à ceux qui n'ont aucune idée des matières ad- « ministratives. Une et indivisible quant à la source « d'où émanent ses pouvoirs, l'administration est un « être multiple dans les diverses modes d'action sui- « vant lesquels elle procède : elle *agit*, elle *délibère*, « elle *juge*; et, sous l'une de ces formes, elle est sou- « vent appelée à contrôler, à réformer ce qu'elle a « fait sous une autre. Le contentieux administratif « tout entier n'est pas autre chose. — Ainsi, pour « n'en citer qu'un exemple, tous les jours ne voit-on « pas le roi, en conseil d'Etat, réformer par une or- « donnance sur la réclamation des parties lésées, ce « que le roi avait décrété dans une ordonnance pré- « cédente sur le rapport du ministre. . . . . « . . . .

« Le seul motif invoqué par l'ordonnance du 20 « novembre 1822 (cette ordonnance rejetait une op- « position formée dans des circonstances analogues), « est que *les mesures prises par le gouvernement pour la* « *formation des établissements qui intéressent la défense*

« générale du territoire, ne peuvent devenir l'objet d'une
« opposition par la voie contentieuse.

« Ce motif nous paraît tout à la fois inexact et in-
« complet. Il est inexact, car nous croyons que tous
« les *actes d'administration, sans exception,* sont sus-
« ceptibles d'engendrer du contentieux administratif,
« *dès qu'ils heurtent des intérêts privés.* Il est *incomplet,*
« car il n'explique nullement comment la position
« des fabriques de poudre, dans telle ou telle
« localité, peut intéresser essentiellement la défense
« générale du royaume, ce qui valait bien la peine
« d'être dit.

« Et d'abord, nous demanderons dans quel prin-
« cipe de notre droit public on a pris cette maxime,
« que les actes du gouvernement ne peuvent jamais
« devenir l'objet du contentieux, même administra-
« tif, quand ces actes se lient à la défense générale
« du territoire.

« Sans doute, et nous sommes les premiers à le
« proclamer, la défense du territoire est le premier
« devoir du gouvernement ; pour accomplir cette
« mission sacrée, il doit jouir de la plus grande, de
« la plus complète indépendance.

« Ainsi, il doit librement disposer des armées de
« terre et de mer, congédier les soldats ou les retenir
« sous les drapeaux, armer ou désarmer la flotte, en-
« voyer où bon lui semble les forces qui sont mises à sa
« disposition, établir de nouveaux ports militaires,
« ou supprimer les anciens, etc., etc. Pour tous ces
« actes, le ministère, nous le répétons, n'est justi-
« ciable que des chambres dans certains cas, et dans
« tous, de l'opinion publique et de l'histoire.

« Mais ce pouvoir, absolu tant qu'il se borne à dis-
« poser des moyens généraux d'attaque ou de dé-
« fense, ce pouvoir trouve non pas un obstacle, mais
« un contrôle, toutes les fois qu'il rencontre sur son
« passage des droits et des intérêts privés.

« Quand cela arrive, il faut bien que l'intérêt par-
« ticulier, froissé par les mesures bonnes ou mau-
« vaises, utiles ou non, que le gouvernement croit
« devoir prendre dans l'intérêt général, puisse trou-
« ver une autorité pour écouter sa plainte, une au-
« torité qui puisse rechercher si l'intérêt public ré-
« clamait ou non le sacrifice des intérêts privés.
« Autrement, on arriverait à proclamer le plus into-
« lérable des despotismes, puisqu'il suffirait à un
« ministre de déclarer qu'une mesure prise par lui
« se lie à la défense générale du territoire pour
« échapper, à l'instant même, à tout contrôle;

« Qui ne voit combien un tel arbitraire serait en
« opposition avec le principe de notre gouvernement,
« et avec l'ensemble et l'esprit de notre législation ?

« Dira-t-on qu'un contrôle quelconque pourrait
« avoir pour objet d'entraver des mesures nécessaires
« à la défense du royaume ?

« D'abord, tout le monde est d'accord sur ce point,
« que le cas de guerre est *toujours excepté.* Ainsi,
« quand la guerre est déclarée, quand l'ennemi ap-
« proche, tous les droits, tous les intérêts parti-
« culiers doivent céder devant le plus grand et le
« plus saint de tous les intérêts, la défense du pays
« contre l'invasion. *Salus populi suprema lex esto.* En
« de pareilles nécessités les droits se taisent. *In armis*
« *leges silent.*

« Mais dans un temps de profonde paix comme
« celui-ci, alors que rien ne presse, que les mesures
« prises par l'administration n'ont aucun caractère
« d'urgence, pourquoi les intérêts privés n'auraient-
« ils pas la faculté de réclamer contre la mesure
« administrative qui les blesse à un titre quel-
« conque?

« Et qu'on le remarque bien, nous ne prétendons
« nullement que ces sortes de causes doivent être
« portées devant les tribunaux ordinaires, que l'ina-
« movibilité rend indépendants du gouvernement,
« devant des tribunaux qui peuvent ne pas avoir les
« lumières nécessaires pour apprécier l'opportunité,
« l'utilité, la nécessité des mesures prises par le gou-
« vernement. Non, c'est pour le conseil d'Etat, c'est-
« à-dire pour une réunion d'hommes, composée de
« fonctionnaires ayant la confiance du gouvernement,
« initiés à tous ses secrets, et dont les ministres eux-
« mêmes font partie intégrante, que nous revendi-
« quons cette haute juridiction. En sorte que c'est
« au gouvernement lui-même qu'on demande, en
« quelque sorte, justice du gouvernement!

« Peut-on penser que si une mesure est réellement
« nécessaire à la défense du pays, le conseil d'Etat
« s'avisera jamais d'entraver la marche de l'adminis-
« tration ? »

Le conseil d'Etat ne fut point touché de ces considérations. Il statua, à la date du 17 septembre 1844,
ainsi qu'il suit :

« Vu la loi du 8 juillet 1791; la loi du 13 fructidor
« an V; le décret du 23 pluviôse an XIII ; les ordon-
« nances des 25 mars et 15 juillet 1818 et du 11 août

« 1819 ; le décret du 15 octobre 1810 ; les ordonnan-
« ces des 14 janvier 1815, 25 juin 1823 et 30 octobre
« 1836 ;

« Considérant que le décret du 15 octobre 1810 et
« les ordonnances des 14 janvier 1815, 25 juin 1823
« et 30 octobre 1836 ne sont pas applicables aux
« poudreries appartenant à l'Etat, dont l'existence
« intéresse la sûreté et la défense du territoire, et
« que les dispositions prises par le gouvernement
« relativement à ces établissements ne peuvent de-
« venir l'objet d'un recours par la voie contentieuse ;
« que, dès-lors, c'est avec raison que, par son arrêté
« en date du 18 septembre 1841, le conseil de préfec-
« ture du département de la Moselle s'est déclaré in-
« compétent pour connaître de l'opposition formée
« par la ville de Metz, à l'exécution des travaux or-
« donnés par notre ministre de la guerre pour la pou-
« drerie appartenant à l'Etat, sise dans l'île de Saulcy,
« et que la ville n'est point recevable à nous demander,
« par la voie contentieuse, la suppression de ladite
« poudrerie ;

« Art. 1er. La requête de la ville de Metz est re-
« jetée. »

Rien de plus sage que cette décision ; elle a pour
base, ce qui est en effet incontestable, que des intérêts confiés à l'administration, le plus précieux, celui
qui domine tous les autres, est l'intérêt de la défense
générale du territoire, et que le gouvernement est
le souverain appréciateur des exigences de cet intérêt. (1).

____

(1) Il n'en faut cependant, pas conclure que les droits privés
sont sans protection contre les mesures que peut commander l'in-

22. — Dans la nomenclature annexée à l'ordonnance réglementaire du 14 janv. 1815, on lit à la suite de l'énonciation de chacun des établissements de la catégorie des usines à feu (1), la mention suivante :

« Indépendamment des formalités prescrites par le
« décret du 15 oct. 1810, la formation des établisse-
« ments de ce genre ne pourra avoir lieu qu'après
« que les agents forestiers, en résidence sur les lieux,
« auront donné leur avis sur la question de savoir si
« la reproduction des bois dans le canton, et les be-
« soins des communes environnantes permettent
« d'accorder la permission. »

La réserve stipulée dans ce passage n'est pas motivée sur le *danger d'incendie* pour les bois et forêts ; la prévision de ce danger fait l'un des objets de l'instruction principale. Il en résulte qu'elle trouve son application quelle que soit la distance qui doit séparer l'établissement projeté des bois et forêts.

« L'avis des agents forestiers en résidence sur les
« lieux est pris par le préfet, qui, saisi de la de-
« mande en autorisation, la transmet au conserva-
« teur de la localité en lui demandant un rapport sur
« la question de savoir si la reproduction des bois
« dans le canton, et les besoins des communes envi-
« ronnantes permettent d'accorder l'autorisation (2).

---

térêt général que nous avons ici en vue. Les poudreries militaires sont considérées comme faisant partie des places fortes et autres moyens défensifs, et sont à ce titre régies par la loi du 17 juillet 1819, qui pourvoit à la garantie de la propriété privée.

(1) Fours à chaux permanents, fabriques de glaces, fours à plâtre permanents et fabriques de verres, cristaux et émaux.

(2) La conservation des bois, c'est l'affaire de l'administration

« Le conservateur agit suivant la hiérarchie et tran-
« smet à son tour au préfet les avis des agents qu'il
« a consultés, avec son rapport sur cette instruction
« spéciale et toutes les pièces (1). »

23. — L'auteur auquel nous empruntons ce passage fait judicieusement observer que le conseil de préfecture, dans le cas où, à raison d'oppositions suscitées par la demande d'autorisation, il est appelé à émettre un avis, doit s'abstenir d'entrer dans l'appréciation qui est de l'office des agents forestiers, et il se prévaut de l'observation pour dire « que les pré-
« fets feront bien de ne soumettre le dossier à l'avis
« des agents forestiers de la localité qu'après avoir
« terminé les enquêtes de *commodo* et *incommodo*, et

forestière, et elle serait évidemment seule fondée à se plaindre si on avait négligé de la consulter. Sous le rapport des besoins du chauffage et de la construction, le défaut d'accomplissement de l'obligation imposée par l'ordonnance de 1815 ferait au contraire grief aux communes, et il nous semblerait juste de leur reconnaître le droit de réclamer.

Des particuliers ont souvent tenté de se prévaloir, pour en faire la base d'une opposition aux autorisations demandées par des fabricants, de la disposition de l'art. 151 du Code forestier qui porte « qu'aucun four à chaux ou à plâtre, soit temporaire, soit perma-
« nent, aucune briqueterie ou tuilerie ne pourront être établis
« dans l'intérieur et à moins d'un kilomètre des forêts, sans l'au-
« torisation du gouvernement, à peine d'une amende de 100 à
« 500 fr., et de démolition des établissements. »

Mais le conseil d'Etat a constamment décidé qu'il n'y avait là qu'une interdiction étrangère à la réglementation des établissements dangereux, insalubres ou incommodes, et dont l'application n'appartenait qu'aux tribunaux. (Voy. notamment, ord. 6 janvier 1830, Champigny).

(1) Voy. *Etablissements industriels*, par M. Avisse, t. I, p. 64.

« après avoir recueilli l'avis du conseil de préfecture,
« si l'enquête a soulevé des oppositions (1). »

24. — Nous avons d'ailleurs à faire observer qu'il est interdit, ainsi que nous l'établirons plus loin, aux autorités chargées de prononcer sur les demandes d'autorisation de se jeter en dehors de la question de sécurité, de salubrité ou de commodité. La décision qui, en l'absence d'une disposition spéciale, emprunterait ses motifs à l'intérêt de la reproduction des bois du canton ou à l'intérêt des besoins de consommation des communes environnantes serait, par cela même, entachée d'excès de pouvoir. (Voy. ord. 6 janvier 1830, de Champigny).

25. — Les hauts fourneaux font dans la nomenclature annexée à l'ordonnance du 14 janvier 1815, l'objet d'une annotation ainsi conçue : « Les établis-
« sements de ce genre ne seront autorisés qu'autant
« que les entrepreneurs auront rempli les formalités
« prescrites par la loi du 21 avril 1810 et par les ins-
« tructions du ministre de l'intérieur. »

Enfin, cette nomenclature se termine par cette disposition : « L'accomplissement des formalités éta-
« blies par le décret du 15 octobre 1810 et par notre
« présente ordonnance, ne dispense pas de celles qui
« sont prescrites pour la formation des établisse-
« ments qui seront placés dans le rayon des douanes
« ou sur une rivière, qu'elle soit navigable ou non ;
« les réglements à ce sujet continueront à être en
« vigueur. »

La loi du 21 avril 1810 soumet elle-même l'établis-

______

(1) Voy. *ibid*, p. 67.

sement des hauts fourneaux à la nécessité d'une permission préalable et organise à cet égard toute une instruction. Nous n'avons point à nous en occuper ici, l'étude et l'explication de cette loi, dans son application aux usines à feu, trouveront leur place dans un chapitre particulier. Disons seulement, dès à présent, que pour les hauts fourneaux, l'instruction réglée par le décret du 15 octobre 1810 et l'ordonnance du 14 janvier 1815, est subordonnée aux prescriptions de la loi du 21 avril 1810 et se trouve ainsi modifiée, notamment en ce qui concerne l'apposition des affiches et les délais.

26. — Nous n'avons pas, non plus, à arrêter l'attention sur la réserve concernant les usines à établir sur les rivières. Nous traiterons des formalités prescrites pour ce genre d'établissements dans un chapitre spécial (1).

27. — La loi du 22 août 1791, tit. XIII, art. 44, le décret du 10 brumaire an XIV, art. 1er, et enfin la loi du 20 avril 1816, art. 37, reproduisent et complètent la réserve stipulée en vue des intérêts confiés à l'administration des douanes ; et une ordonnance du 8 juin 1822, dont le but était de mettre fin aux profits que la contrebande avait pu tirer de l'affranchissement de tout impôt stipulé par un décret du 13 octobre 1809 pour le sel employé à la fabrication des

(1) Dans les cas où le préfet est appelé par le décret *sur la décentralisation*, à connaître des demandes d'autorisation pour établissements à créer sur les cours d'eau, la question d'autorisation sera tranchée par un seul et même acte, au double point de vue de la salubrité publique et du régime du cours d'eau.

soudes, dispose spécialement pour les établissements affectés à cette fabrication ; il y est dit :

« Lorsqu'il s'agira de l'établissement d'une nou-
« velle fabrique de soude, notre directeur général
« des douanes sera consulté, quelle que soit la classe
« dans laquelle ces sortes de fabriques auront été
« rangées, soit par le décret du 15 octobre 1810, soit
« par notre ordonnance du 14 janvier 1815. Aucune
« permission ne pourra être accordée si la fabrique
« n'est fermée par un mur d'enceinte à hauteur suf-
« fisante, dans lequel il ne pourra être pratiqué
« d'autre communication avec l'extérieur que celle
« de la porte d'entrée. »

28. — Le décret *sur la décentralisation* du 25 mars 1852 porte que *le préfet statuera sur l'autorisation de fabriques et ateliers dans le rayon des douanes, sur l'avis conforme du directeur des douanes.* (Voy. art. 2 et § 9 du tableau B.)

Le décret qui substituait le préfet au gouvernement dans le droit de prononcer sur les demandes d'autorisation pour les établissements de la première classe, devait, pour rester fidèle au principe de la hiérarchie, substituer le directeur des douanes au directeur général dans l'avis à donner.

Mais il est à remarquer que le préfet ne peut exercer son droit que d'accord avec ce directeur. En cas de dissentiment entre le préfet et le directeur des douanes, soit sur la question de savoir si l'autorisation doit être ou non accordée, soit sur les conditions à imposer à celui qui la demande, la décision est réservée au gouvernement (1).

____

(1) Cette restriction au droit du préfet n'a point trait aux fabri-

Dans quelle forme et suivant quelles règles le gouvernement prononcera-t-il ?

Au premier coup d'œil, on est tenté de répondre que le droit du préfet cessant, on retombe sous l'empire du décret de 1810.

Cependant il n'en est pas ainsi. La dérogation consacrée par le décret de 1852 est absolue en ce sens qu'elle constitue et organise la compétence dans des conditions toutes nouvelles. Le droit attribué au préfet se trouve, par cela même qu'il est passé dans ses mains, soumis aux principes qui dominent tous les droits dont l'exercice est confié à ce fonctionnaire, et dont le plus important à considérer est celui qui fait du préfet un fonctionnaire subordonné.

L'intention de l'auteur du décret *sur la décentralisation* de maintenir ce principe ne peut être mise en doute, puisqu'il a pris soin de dire expressément par son art. 6, que *les préfets rendraient compte de leurs actes aux ministres compétents dans les formes et pour les objets déterminés par les instructions que ces ministres leur adresseraient ; et que ceux de ces actes qui seraient contraires aux lois et réglements ou qui donneraient lieu aux réclamations des parties intéressées pourraient être annulés ou réformés par les ministres compétents.* Il est donc rationnel, dans le cas où le décret, sans d'ailleurs renvoyer à la législation que son objet a été de changer, fait une nécessité de recourir à une autorité supérieure pour faire trancher le dissentiment entre le préfet et une autre autorité subordonnée, de s'a-

ques de soude, qui, sous ce rapport, sont restées dans le droit commun. Elles ne tombent sous son atteinte qu'autant qu'elles doivent être formées dans le rayon des douanes.

dresser au supérieur commun, qui est ici le ministre des finances.

29. — Enfin, la fabrication des poudres détonnantes et fulminantes a été placée sous un régime particulier.

Une ordonnance du 30 octobre 1836 consacre pour les fabriques de fulminate de mercure les dispositions suivantes :

« Art. 1er. — Les fabriques de fulminate de mer-
« cure, amorces fulminantes et autres matières dans
« la préparation desquelles entre le fulminate de mer-
« cure, doivent être closes de murs et éloignées de
« toute habitation, ainsi que des routes et chemins
« publics.

« Art. 2. — Toute demande en autorisation pour
« un établissement de cette nature devra être accom-
« pagnée d'un plan indiquant :

« 1° La position de l'emplacement par rapport aux
« habitations, routes et chemins les plus voisins ;

« 2° Celle de tous les bâtiments et ateliers, les uns
« par rapport aux autres ;

« 3° Le détail des distributions intérieures de cha-
« que local. Le plan, visé dans l'ordonnance d'auto-
« risation, à laquelle il restera annexé, ne pourra
« plus être changé qu'en vertu d'une autorisation
« nouvelle.

« La mise en activité de la fabrique sera toujours
« précédée d'une vérification faite par les soins de
« l'autorité locale, qui constatera l'exécution fidèle
« du plan. Il en sera dressé procès-verbal.

« Art. 3. — Les divers ateliers seront isolés les
« uns des autres. Le sol en sera recouvert d'une lame

« de plomb ou de plâtre ; la pierre siliceuse est pro-
« hibée dans la construction de ces ateliers.

« Art. 4. — Les tablettes dont il sera fait emploi
« dans cés ateliers seront en bois blanc ; la plus
« élévée, placée à un mètre soixante centimètres au-
« dessus du sol, devra toujours rester libre.

« Art. 5. — L'atelier spécialement affecté à la fabri-
« cation du fulminate devra être particulièrement
« éloigné de la poudrière et du dépôt des esprits.
« L'ordonnance d'autorisation fixera, dans chaque
« établissement particulier, la distance respective
« des autres bâtiments de la fabrique.

« Art. 6. — La poudrière ne renfermera qu'une
« seule rangée de tablettes, placée à un mètre trente
« centimètres du sol ; le sol sera, comme celui des
« ateliers, recouvert en lames de plomb ou en plâtre.
« Ce bâtiment n'aura qu'une seule porte.

« Art. 7. — L'usage des tamis en fil métallique
« est interdit.

« Art. 8. — La poudre grainée et séchée sera ren-
« fermée dans des caisses de bois blanc, bien jointes,
« recouvertes d'une feuille de carton, et placées sur
« des supports en liége. Aucune de ces caisses ne
« devra contenir plus de cinq kilogrammes de poudre.

« Art. 9. — Aucun transvasement de poudre ne
« pourra s'effectuer dans la poudrière. Cette opéra-
« tion devra se faire dans un local isolé et fermé, qui
« n'aura pas d'autre destination. Il sera pris pour la
« construction de ce local, ainsi que pour l'établisse-
« ment de son sol, les mêmes précautions que pour
« la construction et le sol des autres ateliers.

« Art. 10. — Il ne pourra être porté à la fois dans

« l'atelier de charge que la dixième partie, au plus, de
« la poudre qui doit être manipulée dans la journée.

« Art. 11. — Le directeur de l'établissement et le
« chef des ateliers auront seuls la clef de la poudrière
« et de l'atelier où se fera le transvasement de la
« poudre.

« Art. 12. — Aucun ouvrier ne pourra être em-
« ployé dans cette sorte de fabriques, s'il n'a dix-huit
« ans accomplis.

« Art. 13. — Les dispositions de l'ordonnance du
« 25 juin 1823 (1) sont maintenues et continueront à
« être observées concurremment avec celles de la
« présente ordonnance, qui sera constamment affi-
« chée dans les fabriques qu'elle concerne.

« Art. 14. — En cas de contravention, l'autorité
« locale suspendra provisoirement les travaux de la
« fabrique, et en référera à l'administration supé-
« rieure. L'autorisation sera retirée s'il y a lieu. »

(1) L'ordonnance du 25 juin 1823 concerne non-seulement la
fabrication, mais aussi le débit des poudres détonnantes et fulminantes.

Celles de ses dispositions qui ont trait à la fabrication et se rattachent à la réglementation des établissements dangereux, insalubres ou incommodes, portent simplement que les fabriques de
poudres ou matières détonnantes et fulminantes feront partie de
la première classe de ces établissements ; et que les marchands
détaillants d'objets fabriqués avec ces poudres et matières, sans
être soumis aux mêmes prescriptions que les fabricants, seront
cependant tenus de renfermer les différentes préparations dans
des lieux sûrs et séparés, dont ils auront seuls la clef, et ne pourront se livrer à ce commerce avant d'en avoir fait la déclaration
par écrit, à Paris, à la préfecture de police, et dans les autres
communes, à la mairie, pour qu'il soit vérifié si leur local est convenablement disposé. (Voy. art. 1 et 5).

30. — Il faut aussi faire connaître les mesures prises dans le ressort de la préfecture de police, à Paris, pour certains établissements de la première classe sur lesquels l'attention a été appelée par la gravité des inconvénients qu'ils présentent. Nous voulons parler des boyauderies et fabriques de cordes à instruments, des chantiers d'équarrissage et des dépôts d'engrais (1).

Dans le ressort de la préfecture de police, les emplacements indiqués dans les demandes d'autorisation pour les boyauderies et fabriques de cordes à instruments, doivent être isolés de cent mètres au moins de toute habitation (autre qu'un établissement aussi incommode), et situés, autant que possible, sur le bord d'une rivière ou d'un ruisseau ; à défaut de cours d'eau, il doit y être suppléé par un puits en état de fournir de l'eau en abondance. Il doit, d'ailleurs, comme pour tous les autres établissements, être joint à la demande un plan figuré des lieux et des constructions projetées. (Voy. ordonn. du préfet de police du 14 avril 1819, art. 2).

Il est expressément défendu d'établir aucun puisard pour recevoir les eaux de lavage et de macération. (Voy. *ibid.*, art. 5).

Défense est également faite aux boyaudiers et aux fabricants de cordes à instruments de faire écouler leurs eaux de lavage et de macération sur la voie pu-

(1) Les prescriptions concernant ces établissements ne sont faites que pour Paris, et nous expliquerons plus loin, à l'occasion des chantiers de bois à brûler, qu'elles ne lient pas le conseil d'État. Mais elles peuvent guider les préfets pour les précautions à prendre, dans les grandes villes notamment.

blique et sur quelque portion de terrain que ce soit.

Il leur est enjoint de recevoir ces eaux dans un tonneau sur voiture pour être versées le soir à la voirie, ou dans un égoût, ou dans une rivière voisine ; sont exceptés de ces défenses et injonctions, et de celles mentionnées en l'art. 5 ci-dessus, les boyaudiers et fabricants dont les ateliers sont situés au bord d'une rivière ou d'un ruisseau naturel, pourvu que l'écoulement des eaux puisse y avoir lieu immédiatement par des conduits souterrains ou par des canivaux bien dallés et bien cimentés, et qui puissent être constamment tenus en bon état de propreté. (Voy. *ibid.*, art. 6).

Les tonneaux affectés à la macération doivent être placés sous un hangar et dans un atelier dallé, et, s'il est possible, ouvert à tous les vents. (Voy. *ibid.*, art. 7).

Les contraventions sont constatées par des procès-verbaux ou rapports qui sont transmis au préfet de police ; et il est pris contre les contrevenants, les mesures de police administrative que réclame la salubrité publique, sans préjudice des poursuites à exercer devant les tribunaux, conformément aux lois. (Voy. *ibid.*, art. 8).

31. — On entend par chantiers ou clos d'équarrissage, les lieux où l'on abat les chevaux et autres animaux non destinés à la nourriture de l'homme.

Indépendamment des conditions imposées par le décret de 1810, les équarrisseurs ont à justifier qu'ils sont pourvus de voitures, de chevaux, de cordages et des autres ustensiles nécessaires pour l'équarrissage.

(Voy. ordonn. du préfet de police du 24 août 1811, art. 2).

Les voitures pour le transport des animaux morts à l'équarrissage doivent être couvertes (Voy. *ibid.*, art. 3), et porter clouée en avant de la roue et au côté gauche de la voiture une plaque de métal, indiquant, en caractères apparents, le nom et le domicile du propriétaire, conformément à l'art. 9 de la loi du 3 nivôse an VI, et sous peine de 25 francs d'amende et d'amende double si la plaque porte soit un nom, soit un domicile faux ou supposé. (Voy. *ibid.*, art. 4).

Il est interdit d'équarrir dans l'intérieur de Paris. (Voy. *ibid.*, art. 5).

Les équarrisseurs sont tenus d'enlever, à la première réquisition, les animaux morts sur la voie publique. (Voy. *ibid.*, art. 7).

Les animaux vivants envoyés à l'équarrissage doivent être abattus et équarris dans le jour. (Voy. *ibid.*, art. 8).

Les animaux morts ou atteints de maladies charboneuses ne peuvent être équarris qu'en présence d'un expert vétérinaire, qui indique les précautions à prendre. — L'expert vétérinaire en dresse un rapport qu'il transmet sans retard au préfet de police. (Voy. *ibid.*, art. 9).

Il est défendu aux équarrisseurs et à tous autres de vendre la chair de cheval et d'autres animaux livrés à l'équarrissage. (Voy. *ibid.*, art. 10).

Enfin, les équarrisseurs sont astreints à laver et balayer, tous les jours, leurs ateliers et à les entretenir en état de propreté. (Voy. *ibid.*, art. 12).

L'application de ces dispositions est confiée au pré-

fet de police pour les mesures de l'office de l'administrateur et aux tribunaux pour la répression des
contraventions. (Voy. *ibid.*, art. 14).

32. — Les prescriptions relatives aux dépôts
d'engrais se trouvent consignées dans une ordonnance du préfet de police, à la date du 31 mai 1821,
dont les considérants sont : « qu'il est habituellement
« formé dans les campagnes, aux environs de Paris,
« un nombre considérable de dépôts d'engrais, com-
« posés de boues, d'immondices, ou de débris de ma-
« tières animales, qui répandent des exhalaisons in-
« fectes; et qu'il importe de préserver les habita-
« tions et même les grandes routes de l'influence
« insalubre que peuvent produire ces exhalaisons,
« sans nuire aux avantages que les cultivateurs reti-
« rent de l'emploi de ces engrais. » Voici l'analyse
des prescriptions que renferme cette ordonnance.

Aucun dépôt d'engrais composés de débris d'animaux provenant, soit des abattoirs et des boyauderies ou des clos d'équarrissage, soit des fabriques de
colle forte ou autres ateliers du même genre, ne peut
être formé, dans toutes les communes du ressort de
la préfecture de police, qu'à une distance d'au moins
deux cents mètres de toute habitation, et de cent
mètres des grandes routes. (Voy. ord. 31 mai 1821,
art. 1er).

Si ces engrais n'ont pas été employés dans l'espace
de deux jours, à compter du jour où le dépôt a été
fait, les cultivateurs, en attendant un moment plus
favorable pour s'en servir, sont tenus de les placer
dans une fosse recouverte d'une couche de terre de
deux pouces d'épaisseur au moins. (Voy. *ibid.*, art. 2).

Les dépôts de boues et d'immondices destinés à

être vendus, autres que les voiries affectées à cette destination, par l'autorité, pour le service public (1), doivent être éloignés de deux cent cinquante mètres des maisons d'habitation, et de cent mètres des grandes routes. (Voy. *ibid.*, art. 3).

Ces diverses prescriptions ne sont point applicables aux dépôts de fumiers ordinaires de cheval, de vache et de mouton. (Voy. *ibid.*, art. 4).

33. — Un décret du 1er août 1864 a tranché, en faveur des préfets, une question de compétence que le ministre de l'intérieur avait résolue contre eux par une instruction du 22 juin 1853. Ce décret dit que les préfets statueront sur les propositions d'établir des abattoirs publics et trace les règles à suivre pour la fixation des tarifs d'abattage. Il n'y a donc plus à distinguer entre le caractère d'établissements insalubres et le caractère d'établissements communaux, l'autorisation, sous ce double rapport, ne relève que du préfet.

CHAPITRE TROISIÈME.

Établissements de la deuxième classe.

34. — Motifs généraux de classement.
35. — Demande d'autorisation.
36. — Enquête de *commodo* et *incommodo*.
37. — Avis à obtenir du conseil de salubrité.
38. — Envoi au préfet. — Décision.
39. — Recours.
40. — Suite.

(1) Les précautions pour les voiries affectées au service du nettoiement de la ville sont réglées par le cahier des charges de l'entreprise.

34. — Dans les établissements qui composent la seconde classe, les inconvénients de la fabrication ne tiennent en général qu'à un défaut de perfection dans les procédés ou les appareils. L'éloignement des lieux habités ne constitue donc pas une condition à beaucoup près aussi absolue pour l'autorisation de ces établissements que pour celle des établissements de la première classe. La seconde classe comprend, aux termes de l'art. 1er du décret de 1810, « les manufac- « tures et ateliers dont l'éloignement des habitations « n'est pas rigoureusement nécessaire, mais dont il « importe néanmoins de ne permettre la formation « qu'après avoir acquis la certitude que les opérations « qu'on y pratique sont exécutées de manière à ne « pas incommoder les propriétaires du voisinage, ni « à leur causer des dommages. »

35. — Lorsqu'il s'agit d'un atelier de la seconde

classe, c'est au sous-préfet de l'arrondissement que la demande d'autorisation doit être adressée (1). (Voy. décret du 15 octobre 1810, art. 1er). Les formes sont d'ailleurs les mêmes que pour les établissements de la première classe. Il faut avoir soin de désigner avec précision le siége de l'usine ainsi que la nature des opérations que comportera son exploitation, et d'en fournir un plan en double expédition indiquant l'emplacement des appareils, les dispositions intérieures de l'établissement et sa distance des habitations et des terrains voisins. Il est de règle, à cet effet, que les habitations situées dans un rayon de deux cents mètres au moins, soient portées sur le plan ; que l'orientation de ce plan soit indiquée ; qu'il soit muni d'une échelle à l'aide de laquelle on puisse mesurer les distances, et enfin certifié par le maire de la commune. (Voy. *suprà*, n° 611, à la note).

36. — Le sous-préfet renvoie la demande au maire de la commune dans laquelle doit être formé l'établissement projeté, et le charge simplement de procéder à une enquête de *commodo* et *incommodo*. Il n'y a pas d'affiches à faire apposer ; on n'a pas cru qu'il fût nécessaire de recourir à une publication officielle pour éveiller la sollicitude sur des inconvénients qui ne peuvent jamais s'étendre au loin.

37. — L'enquête finie, le maire transmet le procès-verbal au sous-préfet avec son avis, et celui-ci de-

(1) Néanmoins, si l'établissement devait être formé dans la commune chef-lieu du département, c'est au préfet directement qu'on aurait à adresser la demande. Pour le département de la Seine et les communes du ressort de la préfecture de police, c'est le préfet de police qu'on saisit.

mande un rapport à l'architecte-voyer, et soumet ensuite la demande et les pièces au conseil de salubrité de l'arrondissement (1).

38. — Après avoir pris connaissance de la délibération de ce conseil, ainsi que des autres pièces de l'instruction, le sous-préfet prend lui-même un arrêté en forme d'avis et transmet le tout au préfet, qui statue.

39. — L'art. 7 du décret de 1810 porte que « le « préfet statuera, sauf le recours au conseil d'Etat « par toutes les parties intéressées. » Si la disposition s'arrêtait là, elle ne présenterait d'autre singularité que la réserve du recours immédiat, c'est-à-dire sans l'intermédiaire du ministre, au conseil d'Etat, et se justifierait, sous tous les autres rapports, par la considération que la survenance d'oppositions fait presque toujours des arrêtés préfectoraux autant de mesures réglant des droits opposés. Mais le même article ajoute : « S'il y a opposition, il y sera statué par le « conseil de préfecture, sauf le recours au conseil « d'Etat. » Nous n'entreprendrons ni de concilier, ni même d'expliquer ces deux dispositions. Elles sont le résultat d'une confusion d'idées et ont donné lieu

____

(1) Un arrêté du 18 décembre 1848, dont l'objet est de prescrire l'organisation dans chaque arrondissement, d'un conseil d'hygiène publique et de salubrité, dit que ces conseils peuvent être spécialement consultés sur divers objets, et, entre autres, sur les demandes en autorisation, translation ou révocation des établissements dangereux, insalubres ou incommodes. Et les arrêtés pris par les préfets, en exécution de l'arrêté du chef du pouvoir exécutif, portent que les conseils de salubrité seront consultés sur ces demandes.

à des difficultés d'application que la jurisprudence a tranchées plutôt qu'elle ne les a résolues.

On avait d'abord jugé que le préfet, pour satisfaire aux prescriptions de l'art. 7 du décret, devait déférer les oppositions au conseil de préfecture et attendre sa décision pour prononcer ensuite, lui-même, sur la demande en autorisation qui les avait suscitées. C'est le système suivi jusqu'en 1817. (Voy. ord. 19 mars 1817, Ronde).

Mais depuis, le conseil en est venu à attribuer et maintenir une juridiction distincte et indépendante au préfet et au conseil de préfecture. Le préfet, que la demande ait ou non suscité des oppositions, doit statuer sans attendre la décision, ni prendre l'avis du conseil de préfecture. (Voy. ord. 18 mai 1837, Thibaud ; 4 décembre 1837, Jacquet ; 28 mars 1862, Mosnier). Ce n'est qu'au point de vue de la voie à prendre pour faire valoir les oppositions à l'encontre de sa décision, qu'on a à tenir compte de la juridiction attribuée au conseil de préfecture.

Et, en effet, le recours au conseil d'Etat contre l'arrêté préfectoral n'est et ne demeure ouvert qu'au profit du postulant qui a essuyé un refus ou qui prétend faire changer les conditions imposées à l'autorisation. (Voy. ord. 20 avril 1839, John Collier ; 26 décembre 1856, Lemaire.) Les tiers, les voisins, intéressés à ce que l'arrêté soit maintenu dans le refus qu'il prononce ou dans les mesures de précautions qu'il prescrit, sont toutefois en droit de se présenter dans l'instance à titre d'intervenants. (Voy. ordon. 6 mars 1835, Lezian ; 7 avril 1835, Vayson ; 25 avril 1842, Grand-Jean ; 13 janvier 1853, Nicolle); et même d'attaquer l'ordonnance rendue, sous forme de tierce-opposition, dans le cas où ils n'ont pas figuré au débat. (Voy. ord. 5 septembre 1836, Grandin). On va plus loin encore ; si le postulant attaque un arrêté d'autorisation dans le chef qui subordonne le bénéfice de cette autorisation à l'accomplissement de certaines conditions, les tiers ne sont pas simplement admis à agir par la voie de l'intervention, à l'effet de faire maintenir les conditions prescrites dans leur intérêt ; on les admet à prendre la voie du recours incident pour demander que l'arrêté soit réformé et l'autorisation refusée. (Voy. ord. 23 décembre 1845, Deseille).

40. — Mais les tiers n'ont pas la faculté d'user du recours direct contre l'arrêté préfectoral ; ce n'est qu'autant que le débat est porté par le postulant lui-même devant le conseil d'Etat, qu'il leur est donné de venir eux-mêmes prendre position devant ce tribunal d'appel, Il n'en faut pas conclure, néanmoins, que toute action directe soit interdite aux tiers, on les astreint seulement à l'exercer par une voie et devant un juge différents. Leurs réclamations, en dehors de toute instance engagée par le postulant lui-même, ne doivent et ne peuvent se produire que devant le conseil de préfecture. (Voy. ord. 11 août 1841, Caron ; 2 décembre 1853, Débolo ; 16 juillet 1857, Boizet ; 29 décembre 1858, Féry). Ce conseil prononce alors comme autorité juridique, et ses décisions sont naturellement soumises au recours devant le conseil d'Etat.

D'après cela, la conduite à tenir par les tiers est facile à indiquer. Durant le cours de l'instruction devant le préfet, c'est à lui qu'ils doivent adresser toutes leurs réclamations et observations. Après l'arrêté pris par le préfet, s'il y a appel de la part du postulant, les tiers doivent intervenir pour faire valoir leurs oppositions ; s'ils négligeaient ce soin, la tierce-opposition leur donnerait seule le moyen de faire tomber ou modifier la décision rendue sur le recours. Dans le cas, au contraire, où il n'y a point d'appel interjeté par le postulant, les tiers intéressés à attaquer l'arrêté préfectoral ont une action toute spéciale à cet effet ; elle se porte devant le conseil de préfecture.

41. — Cette dernière règle est bien certaine, mais elle est toute spéciale au recours à fin de *réformation* prévu et réglé par le décret de 1810. Le conseil d'Etat en a conclu qu'elle restait étrangère au recours à fin d'*annulation* pour cause d'incompétence et excès de pouvoir, qui a son principe dans les lois fondamentales de l'ordre administratif. (V. *sup.*, tit. I, ch. VIII). Il admet les tiers eux-mêmes à déférer directement à la censure du conseil d'Etat les arrêtés préfectoraux qu'ils croient pouvoir dénoncer comme entachés d'incompétence ou d'excès de pouvoir. (Voy. décr. 6 mai 1853, Perrache). Ils sont dispensés de saisir d'abord le conseil de préfecture, et prennent pour point de départ de leur action la loi des 7-14 octobre 1790, et non plus les dispositions du décret du 15 octobre 1810. Mais, dans ce cas, l'examen du conseil d'Etat ne peut porter que sur les vices constitutifs de l'incompétence ou de l'excès de pouvoir, il n'a point à connaître du fond du litige et l'effet de sa décision, lorsqu'il annule l'arrêté attaqué, est simplement de ramener la cause et les parties devant le préfet. On n'a donc d'autre avantage à attendre de ce recours que celui d'une

nouvelle instruction et des modifications qu'elle pourra amener dans les convictions de l'autorité.

42. — Durant le cours des variations de la jurisprudence sur la distinction à maintenir entre la mission assignée au préfet et celle réservée au conseil de préfecture, il est arrivé plus d'une fois que le préfet a cru, en présence d'oppositions produites devant lui, ne pouvoir mieux faire que de consulter le conseil de préfecture, et qu'ensuite on s'est demandé si l'avis qu'il avait préalablement émis, ne faisait point obstacle à la compétence du conseil de préfecture pour connaître de l'opposition à l'arrêté d'autorisation.

Mais le conseil d'Etat n'a jamais vu là de difficulté sérieuse ; il a considéré que du moment que le conseil de préfecture n'avait pris part à l'instruction que par un avis et non par une décision, son pouvoir de juridiction était resté entier (1). (Voy. ord. 26 oct. 1825, Thollet ; 20 juin 1827, min. de la guerre ; 6 août 1861, Brisset).

43. — Il ne faut pas même supposer qu'on soit astreint à n'invoquer devant le conseil de préfecture que ce qu'on appelle, en style juridique, des moyens

_____

(1) Cette solution emprunte une importance toute nouvelle au décret du 25 mars 1852, qui remet la décision aux préfets pour les établissements de première classe, sous réserve des voies de recours ouvertes contre leurs arrêtés en matière d'établissements de deuxième classe. Le conseil de préfecture doit être consulté toutes les fois que la demande en autorisation, pour les établissements de première classe, suscite une opposition ; si donc l'avis préalable avait pu faire obstacle à toute décision de sa part, l'application du décret de décentralisation eût rencontré une difficulté des plus graves !

nouveaux. N'eût-on à s'armer que des objections consignées dans le procès-verbal d'enquête, et ces objections eussent-elles fait l'objet d'une appréciation dans l'arrêté d'autorisation, l'opposition n'en serait pas moins valable, au moins en la forme. Il suffit, pour que le conseil se trouve bien et dûment saisi, que l'action soit postérieure à l'arrêté préfectoral et dirigée contre l'autorisation obtenue par le fabricant. (Voy. ord. 20 oct. 1828, Lepaire).

44. — Nous n'avons point à entrer dans le détail des motifs propres à fournir une base solide aux oppositions. Mais nous devons faire observer qu'il importe de les puiser dans les inconvénients qui ont déterminé le classement de l'établissement. Supposons qu'il s'agisse d'un four à chaux ; c'est bien en vain que les voisins, au lieu d'opposer l'insalubrité ou l'incommodité de ce genre d'établissement, prétendraient le faire interdire par le conseil de préfecture dans l'intérêt de la reproduction des bois dans le canton. (Voy. ord. 22 févr. 1838, Demont d'Aurensan).

On a, d'ailleurs, vu dans l'exposé des caractères communs aux établissements rangés dans la seconde classe que leur éloignement des habitations n'est pas rigoureusement nécessaire. Il s'ensuit que ce n'est pas tant dans le plus ou moins de convenance de l'emplacement choisi que dans la nécessité ou le plus ou moins d'efficacité de conditions à remplir dans la construction de l'usine ou son mode d'exploitation, pour garantir les voisins, qu'il convient de chercher un appui à l'opposition. (Voy. ord. 14 févr. 1838, Colomb).

45. — On voit, en effet, par les monuments de la jurisprudence que, pour les établissements de la se-

conde classe, la préoccupation de l'autorité est toujours de faire qu'au moyen de certaines précautions, les intérêts de l'industrie se trouvent conciliés avec le respect dû à la propriété. Le plus ordinairement, les précautions sont indiquées avec précision et constituent la condition imposée à l'autorisation. Ainsi, on autorisera un four à plâtre à la charge par le postulant, de donner à la cheminée de la brûlerie une certaine élévation, et de n'affecter à la trituration du plâtre qu'un bâtiment clos, couvert et entouré d'une enceinte de murs. (Voy. ord! 8 mars 1844, Fragot).

Ou bien, s'il s'agit d'une usine desservie par une machine à feu et donnant des résidus infects, on imposera au fabricant la condition, par exemple, d'employer un appareil fumivore, de ne brûler que du coke ou de la houille légère, et d'établir un égout couvert pour conduire les eaux de la fabrique. (Voy. décr. 8 décembre 1853, de Morel).

D'autres fois, cependant, on se contente de stipuler, en termes généraux, que le fabricant sera tenu de se conformer à toutes les conditions qui seraient ultérieurement prescrites par l'autorité administrative, à l'effet de pourvoir aux exigences de salubrité (1).

(1) Le comité consultatif des arts et manufactures n'admet pas que la fumée des fours à chaux puisse nuire aux vignobles. Mais il reconnaît, en même temps, que l'opinion contraire est assez généralement accréditée pour qu'on ait à redouter de voir les populations, en cas d'insuccès d'une récolte, se lever contre les chaufourniers ; et, en conséquence, on astreint volontiers ceux-ci à un chômage d'un mois dans le temps fixé par le maire, aux époques de la floraison et des vendanges. (Voy. ordonnance 16 juin 1841, Mathieu).

(Voy. ord. 9 décembre 1845, commune de Creyssels ;
décr. 2 décembre 1853, Débolo).

Les postulants ne s'y méprennent pas ; et dès que
la solution menace de tourner contre eux dans le
cours du débat engagé soit devant le conseil d'Etat,
soit devant le conseil de préfecture, ils se montrent
empressés à offrir de se soumettre à des modifications
qu'ils ne manquent pas de présenter comme de nature
à remédier à tous les inconvénients qu'on redoute.
Mais le conseil d'Etat se fait, le plus ordinairement,
un devoir de se refuser à examiner ces propositions.
(Voy. ord. 20 avril 1839, John Collier ; 11 mai 1850,
Paufichet). Il n'oublie pas un instant que, dans des
établissements de ce genre, la prudence veut qu'on
s'entoure de lumières que l'instruction peut seule
fournir, et, particulièrement, que l'on prenne, au
préalable, l'avis des gens de l'art qui composent les
conseils de salubrité et même le comité consultatif
des arts et manufactures.

46. — Le délai pour le recours à former devant le
conseil d'Etat contre les arrêtés du préfet, en vertu
du décret de 1810, est celui déterminé par l'art. 11
du réglement du 22 juillet 1806 pour les décisions de
toute autorité qui *ressortit* au conseil d'Etat, c'est-à-
dire le délai de trois mois à partir de la notification.
Le préfet statue, en matière d'ateliers insalubres,
comme juge du premier degré, et c'est à titre d'appel
que ses actes sont portés devant le conseil d'Etat ; il
tombe donc virtuellement sous le coup de la disposition du réglement de 1806. (Voy. ord. 20 avril 1839,
John Collier ; 11 juillet 1842, Deschamps ; décr. 2 décembre 1853, Débolo).

Les auteurs s'accordent, au contraire, à signaler, dans la loi, en ce qui a trait aux réclamations à soumettre aux conseils de préfecture, une lacune qu'ils dénoncent comme fâcheuse. Il n'y a pas de délai fixé pour réclamer devant le conseil de préfecture contre les arrêtés d'autorisation. (11 août 1859, Duboul). Le fabricant est et reste donc à la merci des tiers. Il ne dépend pas de lui de les mettre en demeure et de leur imposer un délai, en notifiant l'autorisation qu'il a obtenue. La loi ne lui offre même pas de moyen de savoir s'il aura des adversaires, et quels ils seront ; les oppositions peuvent, en effet, surgir, non-seulement après l'enquête, mais même après l'octroi de l'autorisation et durant le cours de l'exploitation. Mais est-ce là un oubli de la loi ? Nous serions plutôt d'avis qu'elle a voulu ménager au voisinage la ressource de réclamer à tout instant contre des inconvénients que leur nature même ne permet guère de prévoir et de prévenir avec quelque certitude.

Le conseil d'État, dans une affaire assez récente, après avoir constaté que l'opposition à un établissement autorisé par arrêté du 29 juillet 1856 n'avait été formée qu'à la date du 9 novembre 1859, a décidé que *l'opposition n'était plus recevable* (11 mars 1862, commune de Puteaux). Les arrêtistes accompagnent, d'ailleurs, cette décision d'une note, évidemment due au rapporteur, et dans laquelle, après citation de l'opinion que nous venons d'indiquer, il est dit :

« La décision, intervenue dans l'affaire actuelle, prouve que cette doctrine n'a pas prévalu devant le conseil d'État. Frappé de cette considération que l'industrie a besoin de sécurité, que le fabricant ne peut rester éternellement à la merci des tiers, le conseil d'Etat a pensé au contraire que, si la loi ne fixe aucun délai pour former opposition, il y a du moins un certain délai moral, certaines circonstances après lesquelles la réclamation des intéressés n'est plus recevable. Ainsi lorsque, comme dans l'espèce actuelle, les tiers ont négligé de présenter leurs griefs dans l'enquête de *commodo* et *incommodo*, lorsq s'après l'arrêté du préfet ils ont continué à garder le silence et souffert la construction de l'établissement, lorsqu'enfin l'usine a fonctionné plusieurs mois, voire même plusieurs années, sans que les propriétaires voisins se soient émus, sans qu'ils aient porté leurs protesthtions devant la juridiction compétente, dans ce cas ce n'est plus, dans l'opinion du conseil d'Etat, l'art. 7 du décret du 15 octobre 1810 qui est applicable, mais bien l'art. 12 qui permet de prononcer la suppression de l'établissement, par un décret rendu en conseil d'Etat, si cet établissement présente de graves inconvénients pour la salubrité publique, la culture ou l'intérêt général.

« Toutefois, nous ne croyons pas que, dans la pensée du conseil d'Etat, l'exécution de l'arrêté d'autorisation, quelque importante que soit cette circonstance, suffise à elle toute seule pour rendre l'opposition non recevable : il pourrait se faire que les propriétaires voisins aient encore le droit de réclamer, bien que depuis quelque temps déjà l'usine ait été remise en état d'activité. Mais si, à cette exécution, il se joint d'autres circonstances de fait, telles que le silence des intéressés avant et après l'arrêté d'autorisation, une exploitation paisible de l'établissement, un long délai écoulé à partir du jour où les opérations ont commencé dans l'usine, les propriétaires voisins sont censés avoir abandonné le droit qu'ils avaient de former opposition, et, comme le dit très bien M. Serrigny, on peut leur appliquer cette maxime de droit et de raison : *Qui videt et patitur tacite consentire videtur.*

« En résumé, il y a, selon nous, en ce qui touche la recevabilité de l'opposition, une question de fait, une question d'appréciation, dont la solution appartient au conseil de préfecture, sauf recours devant l'Empereur, en son conseil d'Etat ; mais, en définitive, en présence de la décision que nous rapportons, on peut affirmer que le conseil d'Etat n'admet pas que le droit, qui appartient aux tiers de former opposition, puisse s'exercer à toute époque et reste indéfiniment suspendu, comme l'épée de Damoclès, sur la tête des fabricants autorisés. »

Nous ne voulons discuter ni la décision ni la signification que lui assigne la note. Mais on nous accordera qu'il est bien difficile d'en faire sortir un principe, une règle de nature à donner à l'industrie la sécurité dont on a reconnu qu'elle avait besoin et qui ne peut lui venir de l'arbitraire.

Quoi qu'il en soit, on comprend aisément, quant au recours contre la décision du conseil de préfecture, qu'il doit être formé dans les trois mois à dater de la notification. L'affaire étant manifestement judiciaire dès qu'elle est venue devant le conseil de préfecture, elle est nécessairement, sous le rapport des délais, soumise à la règle générale.

47. — De même que nous avons eu à distinguer, dans la première classe, certaines fabrications soumises à des règles spéciales, nous devons appeler l'attention sur des établissements qui, bien que rangés dans la seconde classe, font cependant l'objet de dispositions toutes particulières, nous voulons parler des usines à gaz et des machines à vapeur.

48. — Le classement des usines à gaz se rattache à l'opposition que suscita, en 1823, l'établissement, par M. Pawels, d'une usine de ce genre, dans le faubourg Poissonnière.

Le conseil d'État avait, sur le recours des principaux habitants du quartier au nombre de 65, annulé l'arrêté d'autorisation émané du préfet de police, et l'ordonnance, rendue à la date du 10 septembre 1823, empruntait l'un de ses motifs au défaut de *classification légale pour les entreprises d'éclairage par le gaz*.

Le sieur Pawels se hâta de provoquer le ministre de l'intérieur à faire combler cette lacune.

Le conseil de salubrité, le conseil supérieur des arts et manufactures, et l'Académie des sciences furent consultés ; et l'appréciation de la nouvelle industrie, au point de vue des dangers et des inconvénients dont on avait à tenir compte pour la classer, donna lieu à la plus vive controverse.

Le gouvernement trancha la question en écartant l'opinion de ceux qui voulaient que la fabrication du gaz fût reléguée loin de toute habitation; mais il s'efforça en même temps d'entourer cette fabrication de tout un système de précautions.

Ce fut l'objet d'une ordonnance royale rendue à la date du 20 août 1824. Cette ordonnance range tous les établissements d'éclairage par le gaz hydrogène, tant les usines où le gaz se fabrique, que les dépôts où il est conservé, dans la seconde classe des établissements insalubres, dangereux ou incommodes, et les soumet, en outre, à une série de mesures de précaution indiquées dans une instruction à laquelle elle se réfère et qui en est l'annexe.

Ces dispositions n'ont rencontré, dans l'application, aucune difficulté de nature contentieuse. La jurisprudence ne témoigne que de l'attention que le conseil d'Etat a apportée à placer et maintenir tous les appareils servant à la fabrication du gaz hydrogène sous l'empire de l'ordonnance du 20 août 1824. (Voy. ord. 2 août 1836, Leboiteux.)

49. — Mais les progrès de l'industrie ne tardèrent pas à tromper les prévisions de cette ordonnance. Un sieur Lépine inventa un appareil avec lequel chacun put fabriquer du gaz pour son usage. De là une nouvelle ordonnance du 25 mars 1838 dont l'art. 1⁰ʳ portait que *les petits appareils domestiques pour fabriquer le gaz hydrogène, destinés à fournir, au plus, à dix becs d'éclairage, et tout gazomètre en dépendant, d'une capacité de sept mètres cubes au plus, étaient rangés dans la troisième classe des établissements dangereux, insalubres ou incommodes.*

50. — Plus tard, ces diverses ordonnances ont été abrogées et remplacées par une ordonnance du 27 janvier 1846, qui, à son tour, a été rapportée par un décret du 9 février 1867, dont on peut dire qu'il constitue aujourd'hui le code des établissements d'éclairage par le gaz hydrogène.

Dans ce décret ne se retrouvent pas les dispositions de l'ordonnance du 27 janvier 1846 qui rangeaient dans la deuxième ou la troisième classe, suivant

l'importance de la production, les usines et ateliers
où se fabrique le gaz hydrogène ; elles ont pris place
dans la nomenclature annexée au décret du 31 décembre 1866.

L'ordonnance royale du 27 janvier 1846 s'appliquait
indistinctement à la fabrication du gaz pour les usages
publics et les usages privés ; le nouveau décret, au
contraire, ne réglemente d'une manière spéciale que
les usines fabriquant pour l'usage public, les appareils
destinés aux besoins privés ne devant plus, dès lors,
être soumis qu'aux conditions particulières de l'acte
administratif qui en aura autorisé l'établissement.
Déjà l'administration avait, par un décret du 17 avril
1865, levé la prohibition contenue dans l'art. 6 de
l'ordonnance de 1846, qui interdisait l'emploi de
toute substance animale pour la fabrication du gaz ;
le réglement nouveau, s'inspirant du même esprit,
supprime tout ce qui, dans l'ordonnance de 1846
(art. 17 à 24) était relatif à la construction, à l'emploi
du gazomètre et aux épreuves que devaient subir les
récipients portatifs pour le gaz. L'obligation imposée
aux usiniers d'être pourvus de deux ou plusieurs
gazomètres, suivant l'importance de leur fabrication
et celle de surmonter de tuyaux et cheminées toutes
les ouvertures des ateliers ont également disparu.

La disposition la plus importante de la nouvelle
réglementation a trait au mode de clôture et à la distance à observer par rapport aux habitations. Aux
termes de l'art. 2 : 1° les usines à gaz devront être
entourées d'un mur ou d'une clôture solide en bois,
de trois mètres de hauteur au moins ; 2° les ateliers
de fabrication, ainsi que les gazomètres devront être

séparés des habitations voisines par une distance d'au moins trente mètres. Toutefois, la condition d'éloignement ne concerne que les usines qui se formeraient à l'avenir. Quant à la condition de clôture, l'application, en principe, doit en être immédiate ; mais une circulaire ministérielle du 28 février 1867 recommande aux préfets d'examiner, avant de prescrire des travaux, les difficultés qu'ils pourraient rencontrer, soit au point de vue de la situation existante, soit au point de vue de la dépense et d'user, s'il y a lieu, de tolérance, en accordant des délais pour les travaux de clôture. On s'est demandé, après la mise à exécution du décret du 9 février 1867, s'il fallait regarder comme abrogées les dispositions de l'ordonnance de 1846, en ce qui concerne les épreuves que devaient subir les récipients pour le gaz *comprimé*, dit *portatif* ; une décision ministérielle du 14 décembre 1867 (inédite), a tranché la question dans le sens de l'abrogation. La surveillance administrative ne s'exerce donc plus sur les récipients en eux-mêmes, mais seulement sur leur installation chez les particuliers, et, à ce point de vue, elle les considère et les traite comme des gazomètres rangés dans la troisième classe des établissements dangereux.

54. — L'organisation de la surveillance pour les machines à vapeur, a suivi, comme pas à pas, le développement de cette industrie. L'administration a constamment statué en présence et sous l'inspiration des faits.

Il n'est fait mention dans le décret de 1810 que des pompes à feu ; elles y figurent au nombre des ateliers de deuxième classe.

Dans l'ordonnance de 1815, on ne rencontre encore que les pompes à feu ; mais elle distingue entre les pompes à feu qui ne brûlent pas leur fumée et celles qui la brûlent, élève les premières au rang d'ateliers de première classe et relègue les secondes dans la troisième.

52. — Dès 1823, l'expérience avait donné ses enseignements. Une ordonnance, rendue à la date du 29 octobre, rejette la distinction entre les machines qui brûlent leur fumée et celles qui ne la brûlent pas, et en consacre une nouvelle tirée du degré de pression donné par la vapeur. Elle porte réglement sur *les machines à feu à haute pression*, c'est-à-dire *celles dans lesquelles la force élastique de la vapeur fait équilibre à plus de deux atmosphères,* et les place dans la deuxième classe. Elle a, d'ailleurs, cela de remarquable que les chaudières s'y trouvent soumises à des conditions de sûreté toutes spéciales. L'administration jusqu'alors, n'avait pas paru comprendre que c'est dans la chaudière qu'est le siége des accidents les plus fréquents et les plus graves.

53. — Une ordonnance du 7 mai 1828 revient sur les machines à haute pression pour simplifier les conditions d'épreuve, relativement aux chaudières, et assujettir en même temps aux mêmes garanties d'autres parties de la machine, telles que les tubes bouilleurs et les cylindres.

L'objet particulier d'une autre ordonnance, à la date du 23 septembre 1829, est de déclarer les épreuves prescrites par les ordonnances de 1823 et 1828 applicables aux chaudières destinées à produire de la vapeur à une pression habituelle de plus de deux atmosphères, *pour le chauffage à la vapeur et autres usages analogues.*

54. — En 1830, l'attention se porte sur les machines à basse pression. On a reconnu que les chaudières dans lesquelles la vapeur ne doit se produire qu'à une pression de moins de deux atmosphères, ne laissent pas que de comporter beaucoup de dangers ; et une ordonnance datée du 25 mars 1830 les soumet à des conditions de sûreté, de nature à réduire l'étendue de ces dangers. L'art. 1ᵉʳ de cette ordonnance porte : « Toute chaudière destinée aux établissements « publics ou industriels, dans laquelle on doit pro- « duire de la vapeur à un degré de pression quelcon- « que, et qui servira à la marche des machines, au « chauffage à la vapeur, ou à tout autre usage, ne « pourra être établie à demeure sur un fourneau de « construction, qu'en vertu d'une autorisation obte- « nue dans les formes prescrites par le décret du « 15 octobre 1810 pour les établissements de deu- « xième classe, pour les chaudières à haute pression, « et de troisième classe pour les chaudières à basse « pression... »

La distinction, comme base de classement, entre les machines à haute et les machines à basse pression, distinction admise par l'ordonnance du 29 oct. 1823, est ici reprise et consacrée de nouveau. Elle ne devait cependant pas résister longtemps à l'épreuve de l'application. On reconnut bientôt que les chaudières à basse pression éclataient tout aussi fréquemment que les autres.

55. — Une ordonnance du 22 mai 1843 avait déterminé les mesures de sûreté auxquelles seraient sou-

mises les machines et chaudières à vapeur autres que celles placées sur des bateaux (1). Elle décidait que les machines et chaudières, tant à haute pression qu'à basse pression, ne pourraient être établies qu'en vertu d'un arrêté préfectoral conformément aux prescriptions du décret de 1810 pour les ateliers de deuxième classe.

Cette ordonnance est aujourd'hui abrogée ; un décret du 18 février 1865 a supprimé d'une manière absolue la nécessité de l'autorisation pour l'établissement des machines et chaudières à vapeur. Il suffit désormais d'une déclaration au préfet du département. (art. 10.)

L'article 12 consacre une classification en trois catégories basée sur la capacité de la chaudière et sur la tension de la vapeur. Les chaudières comprises dans la première catégorie doivent être établies en dehors de toute maison et de tout atelier surmonté d'étages ; elles ne peuvent être placées à moins de trois mètres de distance du mur d'une maison d'habitation appartenant à des tiers. Si elles sont à moins de 10 mètres, on est tenu d'observer certaines mesures de précaution déterminées par l'art. 14.

Les chaudières comprises dans la seconde catégorie peuvent être placées dans l'intérieur de tout atelier pourvu qu'il ne fasse pas partie d'une maison habitée par des personnes autres que le manufacturier, sa famille, ses employés ou ouvriers (art. 15). Cette dernière prescription n'est pas applicable aux

(1) Les machines à vapeur pour les bateaux destinés à naviguer sur mer sont régies par une ordonnance du 17 janvier 1846.

chaudières de la troisième catégorie ; elles peuvent être établies dans un atelier quelconque, même lorsqu'il fait partie d'une maison habitée par des tiers, (Art. 15).

Les fourneaux des chaudières de la seconde catégorie doivent être à un mètre ; ceux des chaudières de la troisième catégorie à 50 centimètres de distance des maisons d'habitation appartenant à des tiers. (Art. 17).

Une disposition très-remarquable est celle de l'art. 18 qui déclare que les conditions d'emplacement établies par les art. 14 et 17 cessent d'être obligatoires, lorsque les tiers intéressés renoncent à s'en prévaloir ; il est nouveau, dans la législation industrielle, de subordonner à la volonté des intéressés l'application d'une mesure de police destinée à protéger la sécurité personnelle.

Le foyer des chaudières de toute catégorie doit brûler sa fumée ; mais un délai de six mois a été accordé aux propriétaires de chaudières à qui l'obligation de brûler leur fumée n'avait pas été imposée par l'acte d'autorisation, et la tolérance de l'administration peut proroger ce délai rendu nécessaire, il faut le dire, par l'imperfection ou le prix trop élevé des appareils fumivores en usage dans l'industrie.

Le décret contient également diverses prescriptions relatives aux locomobiles et aux locomotives autres que celles des chemins de fer. Aucune locomobile ne peut être employée sur une propriété particulière, à moins de cinq mètres de tout bâtiment d'exploitation et de tout amas découvert de matières inflammables appartenant à des tiers, sans le consentement formel de ceux-ci. (Voy. art. 24).

CHAPITRE QUATRIÈME.

Établissements de la troisième classe.

56. — La troisième classe comprend les ateliers qui peuvent être établis sans inconvénient dans le voisinage des habitations.

57. — Pour les établissements de troisième classe, la demande n'est soumise à aucune formalité préalable d'affichage ou d'information ; elle est directement et immédiatement examinée par qui doit statuer (1).

(1) Pour les pièces à produire voy. *suprà* nᵒ 13, à la note.

Le décret du 15 octobre 1810 attribuait cette mission aux *maires* ; mais l'ordonnance du 14 janvier 1815 l'a transférée aux *sous-préfets*.

Pour Paris et pour tout le ressort de la préfecture de police, c'est au préfet de police qu'on a à s'adresser. (Voy. décr. 15 oct. 1810, art. 8, et ord. 14 janv. 1815, (art. 3.)

58. — Aux termes de l'ordonnance du 14 janvier 1815, ces fonctionnaires sont simplement tenus de prendre, avant de prononcer, l'avis des maires et de la police locale ; les réglements ne prescrivent pas d'autre information. Cependant le préfet de police, à Paris, est dans l'usage de faire procéder, même pour les établissements de troisième classe, à l'enquête de *commodo* et *incommodo* qui n'est imposée que pour ceux de première et de seconde. Cette marche n'a fait naître jusqu'ici aucune réclamation ; il serait prudent et sage de la suivre partout ; car l'enquête est profitable à tous ; à l'entrepreneur qui se trouve ainsi moins exposé à perdre des frais d'établissement faits en vertu d'une autorisation accordée à l'insu des voisins et qui peut ultérieurement, sur l'insistance de ceux-ci, être révoquée par l'autorité supérieure ; aux voisins qui, de cette manière sont avertis, autrement que par l'exploitation même, des incommodités qui peuvent résulter du voisinage de l'établissement.

59. — Les réclamations contre l'arrêté du sous-préfet, et, dans l'arrondissement chef-lieu, du préfet qui statue sur une demande d'autorisation pour un établissement de la troisième classe, doivent être portées devant le conseil de préfecture, soit qu'elles proviennent du postulant, soit qu'elles se produisent

au nom de tiers opposants. (Voy. ord, 22 août 1838, Gianelli.)

60. — On a là une dérogation très-expresse au principe d'après lequel c'est au préfet à connaître des recours contre les mesures émanées du sous-préfet, et au ministre à prononcer sur le maintien des arrêtés préfectoraux (1). L'attribution faite au conseil de préfecture n'en est pas moins absolue : il n'est loisible à aucune des parties de renoncer à sa juridiction pour recourir au préfet ou au ministre. (Voy. ord. 14 juin 1837, Couturier.) Ce n'est aussi qu'après avoir épuisé la juridiction du conseil de préfecture qu'on est autorisé à en appeler au conseil d'Etat. (Voy. ord. 30 mars 1844, Bresson.) Une ordonnance du 9 mars 1850 paraît, au premier coup-d'œil, contredire cette dernière règle, puisqu'elle statue sur le recours directement formé contre un arrêté préfectoral qui portait refus d'autoriser, dans le chef-lieu du département, l'établissement d'une buanderie, atelier de troisième classe ; mais il faut remarquer que l'on demandait l'autorisation d'exploiter cette buanderie au moyen d'une machine à vapeur ; que sous ce rapport, l'établissement projeté se rattachait à la seconde classe, et qu'on a dû, par conséquent, suivre la procédure tracée pour les établissements compris dans cette seconde classe. (Voy. ord. 9 mars 1850, Fils-Jean.)

61. — La réclamation devant le conseil de préfec-

(1). Mais on retrouve au moins, dans la procédure, la simplicité et la régularité dont le décret s'est si malheureusement écarté en ce qui regarde les établissements compris dans la seconde classe.

ture n'est soumise à aucun délai. Nous avons déjà signalé les conséquences du silence de la loi sur ce point. (Voy. *suprà*, n° 46.)

62. — Le décret ne dit rien, non plus, de la faculté de recourir au conseil d'Etat contre les arrêtés du conseil de préfecture ; et on se demanda, un instant, s'il ne fallait pas en conclure que les conseils de préfecture avaient mission de prononcer en dernier ressort. Mais on reconnut bientôt que les conseils de préfecture, lorsqu'ils font office de tribunaux, ne sont jamais que des tribunaux de première instance, et que du moment que la loi n'en a pas autrement ordonné, l'appel de leurs décisions au conseil d'Etat est de droit. (Voy. ord. 18 avril 1821, Plaisançon ; 18 juin 1823, Naussé.)

63. — Les considérations que nous avons présentées touchant les motifs d'opposition et les conditions que peuvent comporter les autorisations pour les ateliers de la seconde classe conviennent également aux ateliers de la troisième ; nous n'avons pas à les reproduire. Indiquons immédiatement ceux des ateliers de cette classe que le caractère particulier de l'exploitation dont ils sont le théâtre a fait soumettre à des prescriptions spéciales.

64. — Les chantiers de bois à brûler se présentent en première ligne.

L'ordonnance royale du 9 février 1825 avait rangé et le décret du 31 décembre 1866 a maintenu les chantiers de bois, pour les villes, parmi les établissements dangereux, insalubres ou incommodes de la troisième classe.

La formation des chantiers de bois, dans les villes, est donc subordonnée aux prescriptions du décret du 15 octobre 1810 et de l'ordonnance complémentaire du 14 janvier 1815. Mais on a tenu longtemps pour certain que les conditions imposées par ces réglements généraux n'étaient pas les seules à remplir, au moins à Paris.

65. — Une ordonnance de police, du 27 ventôse an X, homologuée par le ministre de l'intérieur, a d'abord régi l'établissement, dans Paris, de chantiers, magasins ou dépôts de bois de chauffage. Elle a été remplacée par une ordonnance du préfet de police, du 1er septembre 1834, approuvée par arrêté ministériel du 16 du même mois.

La disposition la plus importante du réglement consacré par cette ordonnance traçait, dans un intérêt de sécurité et de salubrité publiques, une circonscription hors de laquelle il n'était pas permis d'établir des chantiers de bois à brûler. La circonscription était déterminée par une limite circulaire tracée dans l'intérieur de Paris et séparant la partie centrale de la ville, où les chantiers paraissaient ne pouvoir être admis sans danger, des quartiers excentriques où ces dépôts ne présentaient pas de graves inconvénients.

66. — Le 6 juin 1837, une nouvelle ordonnance de police avait apporté quelques changements à la circonscription et reporté notamment à l'allée d'Antin la ligne qui passait antérieurement par l'allée des Veuves.

67. — Pour les fonctionnaires qui relevaient du

préfet de police, les ordonnances rendues pour établir des circonscriptions ou arrondissements spéciaux hors desquels il n'était pas permis de tenir des chantiers de bois à brûler dans Paris, avaient évidemment toute la force de réglements. En devait-il être de même pour les autorités appelées par le décret du 15 octobre 1810 à connaître des réclamations contre les arrêtés des préfets en matière d'autorisation pour les établissements de la troisième classe ?

Il était difficile de l'admettre. Si le conseil de préfecture et, après lui, le conseil d'Etat pouvaient être liés par des dispositions ainsi prises par le préfet de police, même avec l'approbation du ministre de l'agriculture et du commerce, les citoyens se trouveraient, au moins indirectement, privés de la garantie résultant du droit de *recourir* du préfet au conseil de préfecture et du conseil de préfecture au conseil d'Etat, que le décret a entendu leur ménager.

Le conseil d'Etat ne s'y est point mépris.

Le 17 juillet 1837, un arrêté du préfet de police autorisa un sieur Ouvré à établir, *à titre de tolérance,* un chantier de bois de chauffage sur un terrain situé allée d'Antin, n° 4, près du quai de la Conférence, et compris, par conséquent, entre la limite de 1834 et celle qui venait d'être établie par l'ordonnance de police du 6 juin 1837.

L'arrêté portait que, conformément à cette ordonnance, la permission n'était accordée que pour trois ans. Mais, à l'expiration de ce terme, le sieur Ouvré refusa d'évacuer son chantier et demanda le maintien de cet établissement, en se fondant sur ce que, depuis

1837, aucun changement notable n'avait été apporté au quartier.

Le préfet de police repoussa la demande par arrêté du 23 septembre 1844, et le sieur Ouvré en appela au conseil de préfecture de la Seine.

Ce conseil décida, par arrêté du 30 octobre de la même année, que la permission accordée provisoirement pour trois ans n'ayant pas été prorogée et le terrain sur lequel le chantier était formé n'étant pas compris dans l'arrondissement assigné par l'ordonnance de police du 15 novembre 1834 aux chantiers de bois à brûler, il était incompétent pour statuer.

Mais le conseil d'Etat, sur le recours du sieur Ouvré, rétablit les vrais principes par une ordonnance, à la date du 31 août 1845, ainsi conçue :

« Louis-Philippe, etc. ; — Vu le décret du 15 octo-
« bre 1810, l'ordonnance royale du 9 février 1825 ;

« *Sur la compétence* : Considérant que les chantiers
« de bois à brûler sont rangés, par l'ordonnance
« royale du 9 février 1825, dans la troisième classe
« des établissements insalubres et incommodes ;
« qu'aux termes de l'article 8 du décret du 15 octo-
« bre 1810, un recours est ouvert devant le conseil
« de préfecture contre l'arrêté qui refuse d'autoriser
« un établissement de cette classe ; que, dès lors,
« c'est à tort que le conseil de préfecture de la Seine
« s'est déclaré incompétent pour statuer sur la récla-
« mation du sieur Ouvré contre l'arrêté du préfet de
« police ;

« *Au fond :* — Considérant que les arrêtés par les-
« quels le préfet de police a indiqué la ligne limitative

« des parties de la ville de Paris où pourraient être
« établis les chantiers de bois de chauffage, ne consti-
« tuent que des mesures provisoires d'administration
« et ne font pas obstacle à ce que, lors du recours
« formé contre le refus d'autorisation, il soit examiné
« par le conseil de préfecture, et par nous, en notre
« conseil d'Etat, si l'emplacement désigné présente
« des inconvénients qui soient de nature à ne pas
« permettre l'établissement ;

« Considérant qu'il résulte de l'instruction que
« l'emplacement choisi par le sieur Ouvré ne présente
« actuellement aucun inconvénient qui doive motiver
« le refus d'autorisation, mais qu'en raison des cir-
« constances, il y a lieu de limiter à cinq ans la du-
« rée de cette autorisation...... »

« Art. 1ᵉʳ. L'arrêté du conseil de préfecture de la
« Seine, en date du 30 octobre 1844, est annulé.

« Art. 2. Le sieur Ouvré est autorisé à exploiter
« pendant cinq ans, qui commenceront à courir de la
« présente ordonnance, un chantier de bois à brûler,
« Cours-la-Reine nᵒ 2, sauf à lui à se pourvoir, à
« l'expiration dudit délai, pour obtenir, s'il y a lieu,
« une nouvelle autorisation...... »

Rien de plus formel que cette décision. Le droit que
le conseil de préfecture et le conseil d'Etat avaient
reçu du décret du 15 octobre 1810 n'avait point à
souffrir des mesures de police dont l'objet était de
tracer certaines circonscriptions pour l'établissement
des chantiers de bois dans Paris. Le conseil d'Etat,
ni même le conseil de préfecture, ne se considéraient
point comme liés par ces mesures, dans l'examen et
le jugement des réclamations portées devant eux.

68. — L'administration n'avait pas attendu que cette jurisprudence se confirmât par des solutions répétées (Voy. décr. 2 avril 1852, Nizerolles). Dès le 6 octobre 1847, le préfet de police, déférant aux instructions du ministre de l'agriculture et du commerce, avait, par une nouvelle ordonnance, abrogé l'art. 1er de celle du 1er septembre 1834 et rapporté absolument les ordonnances des 15 novembre 1834 et 6 juin 1837.

Cette abrogation dispense sans doute de tenir, dans les demandes ou les oppositions à former, en ce qui concerne les chantiers de bois, aucun compte des anciennes mesures de police. Toutefois, il n'en faudrait pas conclure qu'en cette matière ou en toute autre semblable, les prescriptions de cette nature soient dénuées de toute valeur ; le conseil d'Etat y trouve une appréciation des exigences de l'utilité publique d'autant plus digne de confiance qu'elle n'a pu se produire qu'à un point de vue essentiellement général ; et, à ce titre, sans prendre pour base de ses décisions les réglements qui déterminaient les arrondissements assignés aux chantiers de bois à brûler, il ne manquait pas de les viser à la suite des textes légaux ou réglementaires. (Voy. ord. 10 janv. 1834, Noël et Doisteau ; 25 avril 1834, Brincart). C'est parce que cette observation peut être généralisée que nous sommes entrés dans quelques détails qui, dans leur application spéciale aux chantiers de bois, n'ont qu'un intérêt rétrospectif. Nous le répétons, les motifs d'opposition ne sont plus restreints aux circonstances *particulières* et *spéciales* aux emplacements indiqués. Pour tout ce qui serait inconvénient ou danger commun à tout le quartier, il faut se résigner à considérer la question comme tranchée par le réglement, (Voy. ord. 25 avril 1834, Brincart.)

69. — L'administration a, d'ailleurs, pour les conditions à imposer aux marchands de bois à brûler, la même latitude que pour les autorisations applicables à tous autres établissements. Elle est toujours maîtresse de les soumettre à toutes les prescriptions qu'elle juge nécessaires pour sauvegarder le public et même les voisins de tout péril et de toute incommodité. Tantôt elle limite le temps pour lequel l'autorisation est accordée (Voy. ord. 18 mars 1843, Chardon) (1) ; tantôt elle oblige le propriétaire du chantier à certaines mesures de précaution, par exemple, à faire et entretenir des plantations sur une partie de son terrain. (Voy. ord. 25 avril 1834, Brincart.)

70. — Pour tout ce qui a trait à la demande d'autorisation, à l'instruction et aux oppositions, les chan-

---

(1) Par arrêt du 6 avril 1841, le préfet de police avait autorisé un sieur Chardon à établir un chantier de bois ; mais la permission n'était accordée que pour trois années.

Le sieur Chardon se pourvut sans succès au conseil de préfecture ; la restriction fut maintenue.

Il réussit mieux devant le conseil d'Etat.

L'ordonnance rendue sur son recours annule la disposition qui restreignait la durée de la permission à trois ans ; mais pourquoi ?

Par cette seule raison, que la restriction *n'était fondée sur aucune considération de danger, d'insalubrité ou d'incommodité* ; ce sont les termes de l'ordonnance.

Le conseil d'Etat n'entendait donc pas désavouer le principe de la limitation de temps, mais seulement l'application qui en avait été faite. (Voy., en ce sens, ord. 2 avril 1852, Nizerolles.)

7

tiers de bois sont régis par les principes communs à tous les établissements de la même classe. Nous n'avons rien de particulier à en dire, si ce n'est que l'instruction se fait à la préfecture de police avec le plus grand soin ; les demandes sont successivement communiquées, pour que chacun donne son avis, au contrôleur général des chantiers, au conseil de salubrité, à l'architecte de la préfecture et au commissaire de police de l'arrondissement.

71. — Aux termes d'une ordonnance royale du 27 janvier 1846, les petits appareils pour fabriquer le gaz, pouvant fournir au plus, en douze heures, 10 mètres cubes et les gazomètres qui en dépendent sont rangés dans la troisième classe des établissements insalubres ou incommodes.

Il en est de même des gazomètres non attenant à des appareils producteurs et dont la capacité excède 10 mètres cubes.

Cette ordonnance renferme, d'ailleurs, une série de dispositions spéciales applicables à la fabrication du gaz. (Voy. *suprà*, n° 648).

72. — Les raffineries de sel marin ont fait l'objet d'une ordonnance royale du 26 juin 1830.

Les dispositions de cette ordonnance ont pour but de prévenir, dans l'intérêt de la santé publique, les dangers que peut offrir le mode de fabrication, relativement à la qualité des produits fabriqués, et doivent se combiner avec les dispositions du décret de 1810, dont l'application est destinée à prévenir les inconvénients que la fabrication peut entraîner pour les voisins. Elles sont ainsi conçues :

« D'après le compte qui nous a été rendu des dan-

« gers qui peuvent résulter de l'emploi des chaudières
« et autres ustensiles ou appareils en cuivre, pour la
« fabrication ou le raffinage du sel marin ; voulant
« prévenir ces dangers, en accordant toutefois aux
« fabricants les délais nécessaires pour se conformer
« aux mesures qu'il convient de prescrire dans l'inté-
« rêt de la salubrité publique :

« Art. 1er. A l'avenir, il ne pourra être fait usage
« de chaudières et autres ustensiles ou appareils en
« cuivre pour la fabrication et le raffinage du sel
« marin.

« Art. 2. Il est accordé aux fabricants et raffineurs
« de sel un délai d'un an, à partir de la publication
« de la présente ordonnance, pour substituer l'emploi
« du fer, de la fonte ou de toute matière autre que le
« plomb, le cuivre ou leurs alliages, dans la compo-
« sition des chaudières et autres ustensiles ou appa-
« reils servant au raffinage du sel.

« Art. 3. Cette mesure ne sera obligatoire, pour le
« remplacement du corps de pompe et des robinets
« en cuivre actuellement existants dans les fabriques
« et raffineries, qu'un an après l'expiration du délai
« qui est accordé par l'article précédent.

« Art. 4. Les contrevenants seront poursuivis con-
« formément aux lois. »

73. — Les établissements de vacheries dans Paris
ont aussi fait l'objet d'une ordonnance de police ; elle
a été rendue à la date du 27 février 1838, en ces termes (1) :

____

(1) Ce réglement de police n'est fait que pour Paris, mais il peut
être utile à consulter pour les mesures à prescrire dans les autres
villes.

« Art. 1er. Aucune vacherie ne pourra être établie à l'avenir, dans Paris, si ce n'est dans des localités situées entre le mur d'enceinte et les lignes ci-après, exclusivement, savoir :

« *Côté gauche de la Seine.* — L'Esplanade et le boulevard des Invalides ; le boulevard du Mont-Parnasse ; la rue de la Bourbe ; la rue et le champ des Capucins ; les rues des Bourguignons, de l'Oursine (de la rue des Bourguignons à la rue Mouffetard), Censier, de Buffon.

« *Côté droit de la Seine.* — L'allée des Veuves, les rues d'Angoulême, de la Pépinière, Saint-Lazare, Coquenard, Montholon ; du faubourg Poissonnière jusqu'à la rue de Chabrol, Saint-Laurent, des Récollets, du canal Saint-Martin, à partir de la rue des Récollets, jusqu'à la Seine.

« Art. 2. Les étables seront pavées en pente ; il y aura un ruisseau pour faciliter l'écoulement des eaux.

« Art. 3. Les nourrisseurs seront tenus de faire enlever les fumiers, au moins une fois par semaine, avant six heures du matin en été et avant huit heures en hiver.

« Art. 4. Le plancher haut des étables devra être plafonné ou au moins hourdé plein, au niveau des solives, de manière à présenter une surface unie.

« Art. 5. Les dépôts de fourrages seront séparés des étables par un mur en maçonnerie, s'ils sont placés à côté, et par un plancher recouvert d'une aire en plâtre ou d'un carrelage, s'ils sont établis immédiatement au-dessus ; dans aucun cas, il ne pourra être placé aucun foyer dans la pièce destinée au dépôt des fourrages.

« Art. 6. Les nourrisseurs tiendront leurs vacheries dans le plus grand état de propreté ; ils se conformeront d'ailleurs à toutes les précautions de salubrité qui leur seront prescrites par la permission dont ils devront être pourvus conformément aux réglements sur les établissements dangereux, insalubres ou incommodes.

« Art. 7. Il est expressément défendu aux nourrisseurs de mettre de la drêche dans quelque cave et sous quelque prétexte que ce soit.

« Ils ne pourront déposer la drêche que dans des trous construits exprès, sous des hangars à claires-voies et dans des lieux très-éclairés.

« Les trous à drêche ne pourront être employés qu'après avoir été reconnus convenables par l'administration.

« Ils devront rester constamment ouverts ; la drêche seule pourra être recouverte de paille ou de toute autre substance propre à la conserver en bon état.

« Art. 8. L'ordonnance de police du 25 juillet 1822, concernant les vacheries, est rapportée.

« Art. 9. Les contraventions aux dispositions de la présente ordonnance seront poursuivies devant les tribunaux.

« Art. 10. Le chef de la police municipale, les commissaires de police, le directeur de la salubrité, l'inspecteur général des halles et marchés, et les autres préposés de la préfecture de police sont chargés, chacun en ce qui le concerne, de tenir la main à l'exécution de la présente ordonnance. »

CHAPITRE CINQUIÈME.

Règles communes à tous les établissements classés.

74. — Division.

74. — Après avoir considéré successivement les trois classes d'établissements régis par le décret de 1810, et indiqué, au point de vue de la demande d'autorisation, de l'instruction et des oppositions, les règles particulières à chacune de ces classes, il convient d'exposer les règles communes à tous les établissements classés. Ces règles sont relatives à l'appréciation des inconvénients autres que ceux énoncés dans les lois et réglements, comme motifs du classement; à l'autorisation des établissements de nature à comporter l'existence simultanée d'ateliers de classes différentes; à la translation des établissements autorisés; à l'interruption et à la reprise des travaux dans ces établissements; la transformation des manufactures créées en vertu d'une autorisation; à l'action de l'administration pour l'observation des conditions stipulées par les actes d'autorisation; à la suppression pour cause d'inconvénients imprévus; aux établissements dont la création a précédé le décret du 15 octobre 1810; et enfin au droit de suspension ou d'autorisation des préfets pour les établissements non *classés,* mais qu'ils jugent devoir l'être (1).

(1) Tout acte d'autorisation d'établissement doit être déposé en copie aux archives de la commune de la situation, pour communication en être donnée à toute personne intéressée qui en fera la demande. (Décis. du Ministre du 11 mai 1863.)

§ 1. — *Inconvénients à apprécier dans l'examen des demandes d'autorisation.*

75. — Les exigences de la sûreté, de la salubrité et de la commodité publiques sont les seules à apprécier.

76. — L'administration est-elle liée par l'énoncé des motifs à l'appui des actes de classement ?

77. — Suite.

·75. — La législation sur les ateliers insalubres, dangereux ou incommodes n'a pour objet que de sauvegarder la sûreté, la salubrité et la commodité publiques. Les exigences de ces intérêts sont les seules à consulter dans l'octroi ou le refus des autorisations, comme aussi dans l'appréciation des oppositions que suscitent les demandes d'autorisation. Il n'est pas rare de voir invoquer des considérations d'un tout autre ordre. L'intérêt personnel et privé se montre habile à se voiler sous les apparences de l'intérêt général. Tantôt ce sont les propriétaires d'établissements en exploitation qui objectent que toute une contrée est intéressée à la prospérité de leur industrie et que cette industrie sera compromise par l'existence d'un nouvel établissement. (Voy. ord. 22 juillet 1818, Girancourt ; 23 juin 1819, Blaise.) Tantôt ce sont les habitants d'une commune qui luttent pour prévenir une exploitation de nature à entraîner des détériorations pour les chemins vicinaux. (Voy. ord. 3 février 1830, Dubras.) Mais la jurisprudence fait constamment justice de toute réclamation qui n'est pas exclusivement fondée sur le danger, l'insalubrité ou l'incommodité des manufactures projetées.

76. — Elle ne doit cependant pas être entendue

en ce sens qu'on soit lié par les énonciations mêmes des actes de classement. Dans le cercle que nous venons de tracer, la discussion n'est pas restreinte aux inconvénients *mentionnés* comme motifs de classement; toutes les causes qui, dans la pensée de l'administration, ont pu déterminer le classement, tombent également dans le champ de l'instruction et de l'appréciation dont la demande en autorisation doit faire l'objet.

Une décision du conseil d'Etat va expliquer et confirmer cette doctrine.

Le conseil de préfecture de la Haute-Garonne avait accueilli un moyen d'opposition à l'existence d'une fabrique de carton, tiré de ce que *le bruit du pilonage ébranlait les portes et les croisées d'une maison voisine.*

En appel, le ministre du commerce, consulté par le conseil d'Etat, répondit : « Les fabriques de carton « n'ayant été classées au nombre des établissements « dangereux, insalubres ou incommodes, qu'à raison « de ce qu'elles répandent un peu d'odeur désagréable, « comme les parchemineries, l'incommodité du bruit « produit par les pilons n'est pas au nombre des motifs « d'opposition susceptibles d'être portés devant « le conseil de préfecture. »

Le conseil d'Etat se prononça, au contraire, à la date du 6 avril 1836, en ces termes :

« Considérant que les fabriques de carton sont pla-« cées dans la deuxième classe des établissements « incommodes ou insalubres, et que toutes les causes « qui ont pu motiver ce classement, doivent être « prises en considération pour déterminer l'autori-« sation à accorder à ces fabriques et les conditions

« auxquelles cette autorisation peut être donnée;

« Qu'il résulte de l'instruction, que la fabrique du
« sieur Nougaillou produit un bruit incommode pour
« le sieur Cathala, en raison de la proximité à laquelle
« les pilons sont situés du mur en briques qui sépare
« sa propriété de celle du sieur Cathala;

« Qu'il est possible, en conservant la fabrique, mais
« en déplaçant les pilons, de concilier l'intérêt de
« l'industrie avec les intérêts de la propriété voisine;

« Que c'est avec raison que le conseil de préfecture
« a ordonné le déplacement en principe, en laissant
« au préfet, comme administrateur, le soin de dési-
« gner sur les lieux les changements qui seraient in-
« troduits dans l'usine du sieur Nougaillou;

« Art. 1er. — La requête du sieur Nougaillou *est*
« *rejetée.* »

77. — L'ordonnance suivante, du 14 décembre
1844, n'est pas moins positive.

MM. Béthune et Plon avaient déféré au conseil
d'État un arrêté du préfet de police qui leur refusait
l'autorisation d'employer une machine à vapeur dans
une imprimerie par eux établie rue Saint-Georges,
n° 16, pour les besoins du journal *la Presse.*

Le ministre des travaux publics, consulté sur ce
recours, a émis l'avis suivant :

« Les rapports des ingénieurs et le nouvel examen
qui a été fait des lieux constatent que le bruit de la
machine est l'incommodité la plus grave pour les habitations voisines. Le danger d'incendie, toujours à
craindre dans un atelier d'imprimerie où l'on travaille
la nuit, ne semble pas être augmenté ici par la présence du fourneau tel qu'il est installé. Quant aux

inconvénients de la fumée, on pourrait les faire disparaître en ne brûlant que du coke, ou en exhaussant le tuyau de la cheminée. Mais le bruit occasionné par la machine et par les presses qu'elle met en mouvement est extrêmement intense, et porte un très grand dommage aux propriétaires voisins.

« On avait d'abord examiné si l'on ne pourrait pas obvier à cette incommodité, soit en cherchant à amortir le bruit qui provient principalement du condenseur et des claquets de la pompe à air de la machine, soit en supprimant tout à fait le condenseur et la pompe à air. Le premier moyen, s'il n'est pas entièrement impraticable, serait du moins très difficile. D'un autre côté, si l'on supprimait le condenseur et la pompe à air, qui est une annexe indispensable, il faudrait fonctionner à haute pression ; car il n'y a que les machines à haute pression qui puissent marcher sans condenseur, la vapeur devant avoir une force élastique supérieure à celle de l'atmosphère pour pouvoir s'échapper dans l'air. Mais alors les chaudières dont il s'agit, qui ont chacune une capacité de 1 mètre cube 319 cent., rentreraient dans la troisième des catégories fixées par l'ordonnance du 22 mai 1843, et ne pourraient plus, d'après l'art. 42 de cette ordonnance, être établies dans l'intérieur d'un atelier faisant partie d'une maison d'habitation.

« Du reste, les sieurs Béthune et Plon, depuis que l'affaire est en discussion, n'ont pris aucune mesure pour éteindre ou amortir le bruit de leur machine. L'interdiction par le préfet me paraît donc en conséquence très-fondée.

« Le bruit produit par un appareil qui appartient

par sa nature aux établissements insalubres ou incommodes régis par le décret du 15 octobre 1810, me semble être un motif suffisant pour qu'on refuse d'autoriser cet appareil. Le décret n'a pas, il est vrai, énoncé explicitement cette cause d'exclusion, mais elle se trouve comprise dans l'expression générale *d'ateliers incommodes*. Le but du décret a été de garantir la propriété des dommages que pouvaient lui causer certains ateliers. Lors donc que l'autorité reconnaît que ces dommages ont lieu, elle a le droit de ne point accueillir la demande. Or, les machines à vapeur ont été rangées sous le nom de *pompes à feu*, par le décret de 1810, dans la seconde classe des établissements incommodes, et l'art. 4 de l'ordonnance royale du 22 mai, formant réglement spécial pour ces machines, dispose qu'elles ne pourront être établies qu'en vertu d'une autorisation délivrée par le préfet du département, conformément à ce qui est prescrit par ledit décret.

« D'ailleurs l'ordonnance du 22 mai 1843, en exigeant que les demandeurs fassent connaître dans leur pétition *le lieu et l'emplacement où leurs machines ou chaudières seront situées, le genre d'industrie auquel elles seront employées*, et en prescrivant des *informations de commodo et incommodo*, a nécessairement entendu qu'il serait tenu compte des incommodités pour le voisinage et que les divers inconvéniens qui pourraient résulter de ces machines et chaudières seraient pris en considération. Si elle avait voulu seulement garantir contre le danger que peut occasionner l'emploi de la vapeur, elle se serait bornée à prescrire les conditions de sûreté qui font l'objet de plusieurs de ses dispositions. Dans ce cas, il n'eût pas été besoin d'*informations de commodo et incommodo*. Un rapport de l'ingénieur aurait suffi, et il n'y aurait qu'à vérifier si l'appareil est pourvu de ces conditions de sûreté. Evidemment l'ordonnance a voulu assurer encore aux tiers d'autres garanties, puisqu'elle a prescrit qu'ils seraient entendus, qu'il y aurait une enquête pendant dix jours.

« Aussi l'instruction du 22 juillet, relative à l'exécution de cette ordonnance, a-t-elle énoncé que le rejet de la demande peut être motivé sur les dommages que l'établissement de l'appareil à vapeur causerait au voisinage, malgré les obligations particulières qui pourraient être imposées au demandeur.

« Les sieurs Béthune et Plon allèguent que, d'après une décision du conseil d'Etat, intervenue en 1839 dans l'affaire *Selligue*, l'incommodité résultant du bruit d'une presse mue par une machine à vapeur, n'est pas au nombre des motifs d'opposition qui peuvent être présentés par les voisins. Dans cette décision il n'est pas question du bruit que fait la machine elle-même (1). On conçoit très-bien que si le bruit prove-

(1) C'est là une erreur. L'ordonnance de 1829 est motivée en ces termes : « Considérant que les machines à feu... n'ont été « classées au nombre des établissements dangereux, insalubres et « incommodes, *que sous le rapport de la fumée et des dangers d'explosion et d'incendie ;* que dès lors, l'incommodité résultant du « *bruit produit par la machine,* n'était pas au nombre des motifs « d'opposition susceptibles d'être portés devant le conseil de préfecture. » Il est donc de pleine évidence que la décision qu'elle renferme était contraire à l'avis que donnait le ministre ; et, pour être et rester dans le vrai, il fallait en convenir et entreprendre de démontrer qu'elle avait méconnu les vrais principes.

nait uniquement du jeu des presses, il pourrait ne pas y avoir là un motif de refus. Mais, dans l'espèce actuelle, il est constant que le bruit de la machine est complètement distinct du cliquetis des presses, et se fait entendre de la manière la plus incommode dans les maisons voisines, rue Saint-Georges et rue de la Victoire. Cette machine contribue en outre à augmenter beaucoup le bruit de ces presses, parce qu'elle permet de leur imprimer un mouvement plus rapide, et que ce bruit croît en proportion de la vitesse de la manœuvre. Elle est donc par elle-même une cause très-grave d'incommodité.

« Sans doute l'industrie doit être protégée, mais il ne faut pas que cette protection devienne pour la propriété une cause de ruine. Il est certain que les maisons voisines de l'atelier des sieurs Béthune et Plon éprouvent un préjudice extrêmement considérable. La plupart des locataires ont été forcés de les quitter : elles sont devenues presque inhabitables, l'autorité était fondée à ne point autoriser un établissement qui cause des dommages. »

L'avis du comité consultatif des arts et manufactures, adopté par le ministre du commerce, a été, au contraire, favorable au pourvoi. Cet avis portait, en substance, que la condition de ne brûler que du coke, imposée aux demandeurs, suffisait pour supprimer tous les inconvénients de la fumée ; que sous le rapport du danger et du bruit, une machine à vapeur de la force de trois chevaux ne pouvait motiver aucune crainte fondée ; que les précautions d'usage avaient été convenablement prises pour son installation, et que plusieurs machines d'une plus grande force établics dans d'autres quartiers de Paris en étaient la preuve ; enfin, que c'étaient les presses d'imprimerie qui, par leur mouvement continu et le bruit des cha- riots portant les formes, causaient quelque ébranle- ment, et que les effets seraient les mêmes, que ces presses fussent mises en marche manuellement ou mécaniquement.

Le conseil d'Etat a rejeté la requête des sieurs Bé- thune et Plon, et par conséquent maintenu le refus d'autorisation dont ils se plaignaient par une décision motivée en ces termes :

« Considérant que les établissements de deuxième
« classe ne peuvent être autorisés qu'autant qu'on a
« acquis la certitude qu'ils ne pourront ni incommo-
« der les propriétaires du voisinage, ni leur causer
« des dommages ;

« Considérant qu'il résulte de l'instruction que
« l'établissement d'une machine à vapeur dans les
« ateliers d'imprimerie des sieurs Béthune et Plon
« présenterait, à raison de l'exiguïté du local et de la
« position contiguë avec les propriétés voisines, des
« conditions de danger et d'incommodité telles qu'il
« n'y a pas lieu de l'autoriser. »

§ 2. — *Etablissements comprenant des ateliers de différentes classes.*

78. — De la demande d'autorisation pour les établissements que
les opérations qu'ils doivent embrasser rattachent, à la
fois, à plusieurs classes.
79. — Suite.

78. — Dans l'exposé des règles consacrées pour les ateliers insalubres, dangereux ou incommodes, nous avons dû suivre la classification établie par la loi. Mais les faits ne se prêtent pas toujours aux divisions qu'elle a cru pouvoir donner pour base à ses prescriptions. La multiplicité des opérations que doit embrasser un établissement peut le rattacher, à la fois, à plusieurs classes différentes ; et on a à se demander alors si on est soumis à la nécessité d'obtenir une ou plusieurs autorisations, devant quelle autorité et comment il faut agir.

La difficulté se résout par une distinction.

Toutes les fois que l'établissement, quelle que soit la diversité des opérations qu'il comprend, ne cesse pas d'être un dans son ensemble, toutes les fois qu'il n'est pas destiné à comprendre plusieurs genres d'industries, et ne doit pas se composer d'ateliers distincts, bien que réunis dans une même exploitation, il suffit d'une seule instruction et d'une seule autorisation. Il faut seulement que l'instruction se fasse et que l'autorisation s'obtienne suivant le mode prescrit pour la classe la plus élevée, et que la garantie la plus large soit ainsi donnée aux intérêts publics et privés.

Exemple : Une fonderie de fer doux devait comprendre un four pour l'épuration du charbon de terre, et, sous ce rapport, l'établissement à créer rentrait dans la première classe. On forma la demande, et il fut procédé à l'instruction comme pour un établissement de cette classe, et le conseil d'Etat décida, en effet, « que cet établissement, à raison du fourneau « à épurer le charbon de terre, constituait une manu- « facture de première classe, et que, dès lors, il y « avait lieu de statuer dans les formes prescrites par

« les art. 2, 3, 4 et 5 du décret du 15 octobre 1810... »
(Voy. ordon. 19 juillet 1826, Pugh, Viel et autres.)

79. — Dans le cas, au contraire, où une exploitation combinée pour ne former dans son ensemble qu'un seul établissement, doit, en réalité, embrasser non pas simplement plusieurs opérations, mais plusieurs industries, et comprendre des ateliers distincts, la raison veut une instruction et une autorisation spéciale pour chaque atelier.

Le conseil l'avait décidé ainsi, dès 1823, pour un établissement qui devait se composer d'une fonderie de suif en branches (atelier de 1re classe) et d'une fabrique de chandelles (atelier de 2e classe) (Voy. ord. 23 juillet 1823, Motel et de Goulard.) Une ordonnance bien plus récente, du 21 mai 1847, a confirmé sa jurisprudence en ce point, dans les circonstances que voici :

Des sieurs Henry et Millot s'étaient adressés au préfet de l'Aisne pour lui exposer qu'ils voulaient remplacer une amidonnerie en cours d'exploitation à Rocourt, par une distillerie de mélasse et une fabrique de potasse et pour lui demander, en conséquence, son autorisation pour l'établissement de la distillerie de mélasse.

Le préfet prit, en réponse à cette demande, un arrêté par lequel, statuant sur l'établissement envisagé dans son ensemble, il refusa l'autorisation pour la distillerie de mélasse et pour la fabrique de potasse.

Les sieurs Henry et Millot attaquèrent cet arrêté par la voie du recours ; ils soutinrent que les inconvénients inhérents aux distilleries de mélasse n'étaient pas de nature à motiver le refus d'autorisation pour ce genre d'ateliers, et qu'en tant qu'il avait trait à la fabrique de potasse, l'arrêté était entaché d'excès de pouvoir.

Le conseil d'Etat se prononça, en effet, dans ce sens par l'ordonnance suivante :

« Considérant que, par la lettre sus-visée, en date « du 23 mars 1846, adressée à notre ministre du com- « merce, les sieurs Henry et Millot se sont engagés « à cesser de faire marcher leur amidonnerie, située « à Rocourt, dans le cas où ils seraient autorisés à « établir à Rocourt une distillerie de mélasse et une « fabrique de potasse ;

« Considérant que la distillerie de mélasse, que les « requérants demandent à établir à la place de leur « amidonnerie, ne présentera pas des inconvénients « de nature à en faire refuser l'autorisation, en la « soumettant aux conditions imposées aux établisse- « ments du même genre que les sieurs Robert de « Mussy et Quentin Dufour exploitent déjà à Rocourt ;

« *En ce qui touche la fabrique de potasse* : — « Consi- « dérant que les fabriques de potasse sont rangées « par l'ordonnance du 24 janvier 1815 dans la troi- « sième classe des établissements insalubres, incom- « modes ou dangereux ; qu'aux termes de l'art. 2 du « décret du 15 octobre 1810, les permissions pour « l'exploitation des établissements placés dans la « troisième classe doivent être délivrées par les sous- « préfets ; que dès lors, en statuant sur la demande « des sieurs Fleury et Millot tendant à obtenir l'auto- « risation d'établir une fabrique de potasse à Rocourt, « près Saint-Quentin, le préfet de l'Aisne a excédé « les limites de sa compétence :

« Art. 1er, L'arrêté du préfet de l'Aisne, en date
« du 1er juillet 1845, est annulé. — Art. 2. Les sieurs
« Fleury et Millot sont autorisés à établir à Rocourt,
« près Saint-Quentin, à la charge de supprimer l'ami-
« donnerie qu'ils exploitent, une distillerie de mé-
« lasse aux mêmes conditions que celles imposées
« aux établissements des sieurs Robert de Mussy et
« Quentin Dufour..... »

§ 3, — *Translation et interruption de l'exploitation.*

80. — Interdiction aux fabricants de transférer leur exploitation
　　　ou de l'interrompre.
81. — Sanction.
82. — Application au cas de translation.
83. — Interruption des travaux. — Industries de nature à ne
　　　s'exercer que par intervalles.
84. — Chômages de force majeure.
85. — Esprit de la loi sur ce point.
86. — Demande d'autorisation nouvelle.
87. — Compétence pour l'application de la déchéance.
88. — De l'obligation pour le fabricant de faire usage, dans un
　　　délai de six mois, de l'autorisation qu'il a obtenue.

80. — En général, le fabricant qui exploite un
établissement classé doit travailler dans le lieu qui a
été assigné à son atelier. Il doit, en outre, continuer
son exploitation sans l'interrompre de manière à laisser supposer que les travaux ne seront pas repris, ce
qui pourrait induire les tiers en erreur. La loi est formelle sur ces deux points : l'art. 13 du décret dit, en
effet : « Les établissements maintenus par l'art. 11
cesseront de jouir de cet avantage dès qu'ils seront
transférés dans un autre emplacement, ou qu'il y

aura une interruption de six mois dans leurs travaux. »

Bien que la loi ne parle positivement que des établissements qui existaient au moment de sa promulgation, et paraisse, par cela même, exclure toute application des règles qu'elle consacre aux établissements qui ont été formés depuis, il a été constamment dans les usages de l'administration de suivre la disposition ci-dessus transcrite aussi bien à l'égard des uns qu'à l'égard des autres. En pouvait-il être autrement ? En ce qui concerne le déplacement, il est clair qu'il ne peut dépendre du fabricant de l'effectuer, soit qu'il exploite dès avant le décret, soit qu'il n'exploite que depuis. Cela est particulièrement vrai des établissements de première classe pour lesquels l'autorité locale est chargée d'indiquer elle-même le lieu où ces ateliers doivent être établis et de fixer la distance qui doit les séparer des habitations particulières. Il importe donc peu qu'ils soient antérieurs ou postérieurs au décret de 1810 : dans l'un et l'autre cas, la nécessité de les maintenir au même lieu est une loi que les fabricants doivent subir, car elle dérive de la nature même des choses, l'autorisation ayant été accordée moins à leurs personnes qu'à l'emplacement. Quant à l'interruption des travaux, comme elle peut avoir toujours le même inconvénient, celui de tromper les tiers en les induisant à penser que les dangers du voisinage de l'atelier ne se représenteront plus désormais, on comprend qu'elle doive être dans tous les cas prohibée, soit qu'il s'agisse d'un établissement antérieur au décret de 1810, soit qu'il s'agisse d'un établissement qui n'aurait été formé que depuis.

C'est donc une règle générale et absolue qu'aucun fabricant ne peut déplacer sa fabrique, ni interrompre ses travaux pendant six mois.

81. — La loi ne s'est pas bornée à poser la règle ; elle y a ajouté une sanction. « Dans l'un et l'autre cas (la translation et l'interruption), dit encore l'art. 13, les établissements rentreront dans la catégorie des établissements à former, et ils ne pourront être remis en activité qu'après avoir obtenu, s'il y a lieu, une nouvelle permission. »

82. — L'application de la disposition au cas de translation ne peut jamais faire naître qu'une question de fait assez facile à saisir et à résoudre (1).

83. — L'appréciation n'est plus aussi simple lorsqu'il s'agit d'une interruption dans les travaux et des conséquences qu'elle entraîne.

Le délai de six mois ne s'appliquera évidemment pas aux industries qui, par leur nature même, ne peuvent s'exercer qu'à intervalles et pendant certaines époques. La cour de cassation l'a décidé pour un rouissoir, sur une poursuite en contravention au décret du 15 octobre 1810 dans la disposition qui exige pour le rouissage, l'autorisation préalable à laquelle sont soumis les établissements insalubres. Il était reconnu, en fait, que le rouissoir existait antérieurement au décret de 1810 ; mais on se prévalait d'un prétendu fait d'interruption pour soutenir que

____

(1) L'autorisation de construire sur un emplacement autre que celui d'abord désigné ne peut être considérée comme une autorisation de translation toutes les fois qu'elle intervient avant la création de l'établissement dans les conditions primitivement fixées (8 août 1865, Ballouhey).

l'établissement ne pouvait être protégé par la dispense d'autorisation stipulée pour les ateliers existants lors de la publication du décret, et la chambre criminelle a répondu : « Que si l'art. 13 du décret
« déclare déchus du bénéfice de l'art. 11, les établis-
« sements dont les travaux seraient interrompus pendant six mois, cette disposition ne saurait être
« appliquée aux rouissoirs, puisque, ainsi que cela
« est constaté par le jugement, le rouissage n'a lieu
« régulièrement que pendant trois ou quatre mois
« chaque année, pour être recommencé l'année suivante sur les lieux de la nouvelle récolte, qu'une
« telle interruption, commandée par la nature même
« des choses, n'est point de celles qu'a en vue l'article 13... » (Arrêt. 4 nov. 1848, Magrez).

84. — Les chômages dus à des circonstances de force majeure ne devront pas, non plus, être considérés comme constitutifs d'une *cessation* d'exploitation dans le sens de l'art. 13 du décret de 1810.

85. — On ne peut, d'ailleurs, tracer ici de règles précises et absolues. La raison de décider doit se tirer pour chaque cas de la pensée qui a dicté la disposition. La préoccupation du législateur, le but qu'il s'est proposé a été de ne pas laisser indéfiniment et inutilement la propriété, dans le voisinage des ateliers dangereux, insalubres ou incommodes, sous le poids de la gêne et de la dépréciation qui ne résultent que trop souvent de ce voisinage. Il a voulu que par cela seul qu'un établissement cessait d'être exploité pendant un temps assez long, les tiers pussent se croire autorisés à le considérer comme abandonné ; et il a pris sous sa protection les dispositions, telles que

acquisitions, ventes ou constructions, qui ont pu se faire sous l'empire de cette conviction. La difficulté se résume donc presque toujours en une question dans laquelle l'erreur et la bonne foi tiennent une grande place. On a à se demander s'il y a eu *absence de fabrication*, si, pour les tiers, l'interruption dans l'exploitation a réellement pu impliquer un abandon de l'industrie, et si, enfin, le fabricant n'a pas à s'imputer de les avoir jetés dans l'erreur sous ce rapport par sa négligence ou toute autre faute.

86. — Lorsque le fait de l'interruption et, par suite, la nécessité d'une autorisation pour remettre l'exploitation en activité, ne sont pas contestés, on n'a, pour arriver à obtenir l'autorisation, qu'à suivre les règles tracées pour la classe à laquelle appartient l'établissement. Il est procédé pour la demande, les oppositions et les recours, comme s'il s'agissait d'un établissement à créer.

87. — Mais, le plus ordinairement, le fait de l'interruption est nié par le fabricant et appelle une décision. Quelle sera l'autorité compétente pour la rendre ?

Le débat, dans ces sortes de contestations, ne porte que sur un fait dont la constatation se rattache à la surveillance dont les établissements autorisés doivent faire l'objet. La suppression même de l'atelier remis en activité après une interruption de plus de six mois, contrairement à la prescription de l'art. 13 du décret, ne peut avoir d'autre caractère que celui de mesure tendant à assurer l'exécution de ce décret.

L'autorité compétente et la seule compétente pour statuer est donc celle qui a pour mission de surveiller les établissements dangereux, insalubres ou incommodes et d'assurer l'exécution des lois et réglements qui les concernent. Cette autorité n'est autre que le préfet.

C'est devant le préfet, sauf recours au ministre et, après lui, au conseil d'Etat, que le fabricant ou les tiers ont à procéder. La jurisprudence est positive en ce sens. (Voy. ord. 2 juillet 1836, Gazinno ; 27 août 1840, Castillon ; 21 avril 1848, Pluquin-Loiset).

88. — En terminant sur ce sujet, nous devons faire observer qu'il en est du fabricant qui a laissé passer six mois sans user d'une autorisation par lui obtenue comme de celui qui a interrompu son exploitation pendant le même délai ; les raisons de décider et les principes à appliquer sont les mêmes. Le gouvernement avait le soin de s'en expliquer dans les ordonnances d'autorisation pour les ateliers de la première classe ; elles contenaient toutes cette mention : « La présente autorisation cessera d'avoir son effet « dans le cas où il s'écoulerait un délai de six mois « avant que l'établissement ait été mis en activité, ou « si son exploitation était interrompue pendant le « même laps de temps. » La même formule est reproduite dans les arrêtés d'autorisation qui émanent de la préfecture de police à Paris et nous ne doutons pas que l'exemple ne soit, à l'avenir, suivi dans toutes les préfectures.

§ 4. — *Transformation des établissements autorisés.*

89. — Innovations dans la constitution des ateliers autorisés.
90. — Suite. — Esprit de la législation en ce point.
91. — Compétence.

89. — Le fabricant dont l'établissement a été autorisé n'a point à rendre compte du plus ou moins d'étendue qu'il donne à son exploitation. Le développement que prend son industrie ne saurait compromettre la position qu'il tient de l'acte d'autorisation tant que ce développement n'entraine pas, dans la constitution de l'atelier lui-même, des modifications de nature à intéresser la sûreté, la salubrité ou la commodité publique.

Mais pour toute innovation qui se présente avec ce caractère, on rentre sous l'empire des prescriptions du décret, et on est dans l'obligation de se munir d'une autorisation, suivant les règles que nous avons tracées.

90. — Nous n'essaierons pas de rechercher et d'apprécier, à ce point de vue, les modifications que peut comporter chaque établissement. C'est de l'esprit même de la législation qu'il faut s'animer, et c'est le bon sens qu'il faut consulter pour savoir si le changement projeté pour une manufacture doit ou non donner lieu à une demande d'autorisation nouvelle.

S'il s'agit d'une addition dans les moyens ou d'une substitution dans les éléments de fabrication dont l'effet sera de faire passer l'établissement dans une classe supérieure, ou même, sans transformer l'établissement tout entier, d'étendre l'exploitation à une opération du domaine d'une industrie de rang plus élevé dans l'ordre de la classification, la nécessité d'une autorisation nouvelle est de toute évidence.

La nécessité est la même pour les modifications dont le résultat, sans aller jusqu'à un déclassement, doit être d'aggraver les dangers ou les inconvénients

de l'exploitation. Dès qu'on se jette en dehors et au-
delà des prévisions de l'autorisation obtenue, on rencontre l'obligation de subir le contrôle de l'autorité
administrative.

91. — La compétence pour les difficultés qui peuvent surgir à cet égard entre les fabricants, les tiers
et l'administration se détermine par les principes que
nous avons exposés dans le paragraphe précédent. Le
débat sur la nécessité de l'autorisation est tranché
par le préfet, sauf recours au ministre et ensuite au
conseil d'Etat.

Les développements donnés ou les modifications
apportées à un établissement excèdent-ils les limites
de l'autorisation dont il a fait l'objet, le droit, le devoir du préfet est de mettre le fabricant en demeure
de cesser son exploitation, et, faute par celui-ci
d'obéir, d'ordonner la clôture de l'atelier ; et l'arrêté
pris à cet effet ne peut être attaqué devant le conseil
d'Etat qu'après recours devant le ministre que la matière concerne. (Voy. ord. 19 janvier 1844, Capdeville
et Bédu).

§ 5. — *Observation des conditions stipulées.*

92. — L'autorisation ne fait point obstacle à l'exercice des droits
dont l'administration est armée pour la protection des
intérêts autres que ceux garantis par les dispositions
spéciales aux ateliers insalubres.

93. — Le fabricant, muni d'une autorisation, reste sous l'œil et
le bras de l'administration.

94. — Suite. — Compétence.

95. — Suite.

96. — Suite.

97. — Suite.

92. — Nous dirons dans le paragraphe suivant quelle est la force du droit que le fabricant tient de l'acte d'autorisation envisagé comme titre ; ici, nous voulons faire bien comprendre que l'octroi de l'autorisation n'a nullement pour effet de dégager de la surveillance et de l'action administrative celui qui l'a demandée et obtenue.

L'autorisation n'est donnée qu'au point de vue des exigences garanties par les réglements sur les ateliers dangereux, insalubres ou incommodes ; elle ne saurait faire obstacle à l'exercice des pouvoirs remis à l'administration pour la protection d'intérêts publics de toute autre nature. Le propriétaire d'une brasserie, par exemple, chercherait vainement à s'armer de l'autorisation sur laquelle repose l'existence de son usine, pour résister à une injonction du préfet de prendre les mesures et faire exécuter les travaux nécessaires pour parer, dans l'intérêt de la circulation, à l'écoulement des eaux de l'usine sur une route. (Voy. ord. 6 juillet 1843, Mastein). Le préfet, en autorisant la brasserie sous les conditions voulues pour la police des ateliers insalubres, ne s'est point dessaisi du droit de prescrire ultérieurement les mesures que pourrait commander la police de la grande voirie ; il était investi de pouvoirs distincts et l'exercice de l'un n'a pu porter préjudice à l'autre.

93. — On n'aura pas plus de peine à comprendre que, dans la sphère même de la police des ateliers insalubres, l'industriel qui a eu le soin de se munir d'une autorisation reste, néanmoins, sous l'œil et sous le bras de l'administration.

L'autorisation accordée, les conditions de l'exploitation déterminées, la question engagée par la demande d'autorisation dans les formes et suivant les prévisions du décret de 1810 et de l'ordonnance de 1815, est vidée; il y a une sorte de contrat passé entre le fabricant et l'administration. Mais aussitôt s'ouvre un autre ordre de rapports, l'ordre des rapports que doit inévitablement entraîner l'exécution du contrat.

Nous avons fait remarquer qu'il était interdit au fabricant de déplacer son établissement ou de modifier son exploitation, et qu'une interruption de plus de six mois lui faisait perdre le bénéfice de l'autorisation. Ce sont là des règles dont l'application suppose une surveillance et une action de tous les instants. Il en est de même des conditions stipulées dans les arrêtés d'autorisation ; il ne suffit pas d'avoir tracé au fabricant ses obligations, il faut qu'il ne puisse s'en affranchir.

94. — La mission de prévenir ou faire cesser les infractions aux dispositions des réglements ou aux prescriptions des autorisations n'est ni réglée, ni prévue par le décret de 1810, non plus que par l'ordonnance de 1815 ; nous sommes, par conséquent, ramenés aux principes qui dominent l'organisation administrative. Ces principes généraux nous diront à quelle autorité il appartient de veiller et d'intervenir, et quels sont ses moyens d'action.

Le préfet, à titre de chef de l'administration dans

chaque département, répond de la sûreté publique, et le décret du 22 décembre 1789 le charge expressément du maintien de la salubrité. Il est dans ses attributions d'assurer l'application des lois ou réglements dont l'objet est de pourvoir à ces grands intérêts, et de suppléer, au besoin, à leurs prévisions. Le préfet est donc naturellement appelé à porter sa vigilance sur les établissements existants ou qui viennent à se former dans son département. Et quelle autre autorité pourrait, mieux que lui, surprendre et faire cesser les infractions aux prescriptions des réglements, ou des autorisations obtenues conformément à leurs dispositions ? Les investigations, les constatations, les injonctions, les mesures de contrainte inhérentes à la mission à remplir veulent une autorité toujours présente, toujours active. Ce n'est point une autorité constituée au centre du gouvernement, ce n'est point une autorité collective et fonctionnant par voie de décisions juridiques qui pourrait suffire à l'exercice d'un pouvoir qui devra se produire avec tous les caractères d'un pouvoir de police.

95. — La jurisprudence me semble venir directement à l'appui de cette doctrine.

Une fabrique d'acide sulfurique, existant à Montpellier, avait été vendue judiciairement. Lorsque l'adjudicataire veut exploiter, les voisins prétendent que les travaux étaient interrompus depuis plusieurs années, et que, par suite, l'établissement ne peut être remis en activité sans une autorisation nouvelle. (Voy. *suprà*, nº 679). Le préfet, après une enquête, prend un arrêté portant que la déchéance n'a pas été encourue.

Les propriétaires voisins défèrent cet arrêté au ministre du commerce, et ce ministre se déclare incompétent ; on en appelle au conseil d'Etat, et il répond, par décision à la date du 27 août 1840, « qu'aux termes « des lois et réglements, il appartient aux ministres, « chacun dans les matières qui le concernent, de « statuer sur les recours formés contre les arrêtés « des préfets ; que le décret du 15 octobre 1810 n'a « apporté aucune dérogation relativement à l'art. 13 « dudit décret, et que, dès lors, c'est à tort que, par « sa décision attaquée, le ministre du commerce a « refusé de prononcer sur le recours formé devant lui « par les sieurs Castillon et consorts contre l'arrêté « du préfet de l'Hérault. »

Le ministre avait considéré l'arrêté comme intervenu dans les limites de l'attribution spéciale que les préfets tiennent du décret de 1810, et en vertu de laquelle ils prononcent, sauf recours au conseil d'Etat, sur les demandes d'autorisation pour les établissements de seconde classe. Le conseil d'Etat, au contraire, n'a voulu voir dans cet acte que l'exercice des pouvoirs généraux confiés au chef de l'administration dans le département, et il lui a appliqué la règle d'après laquelle les arrêtés préfectoraux ne peuvent être attaqués directement devant le conseil d'Etat, et doivent, d'abord, être soumis au ministre que la matière concerne.

96. — L'ordonnance rendue dans les circonstances suivantes est plus concluante encore :

Le sieur Lefebvre est propriétaire à Bernay, dans le département de l'Eure, d'une blanchisserie, dont la fondation remonte à une époque antérieure au décret du 15 octobre 1810.

En 1843, les propriétaires d'une usine établie dans le voisinage entreprirent de faire supprimer la blanchisserie. Ils prétendirent que cet établissement avait subi de grandes modifications, et dans sa consistance et dans ses procédés, et que, par suite, il ne pouvait être exploité sans autorisation nouvelle.

Le préfet, saisi de la question, déclara, par arrêté du 7 juin 1843, que les plaintes dont la blanchisserie avait fait l'objet étaient au moins exagérées, que depuis plus de trente ans que cet établissement fonctionnait, aucune réclamation ne s'était élevée, et que celles qui surgissaient présentement paraissaient prendre leur source dans un intérêt privé, et décida que la demande en suppression serait rejetée et l'établissement maintenu.

Cet arrêté ayant été confirmé par une décision du ministre de l'agriculture et du commerce, à la date du 22 janvier 1844, un recours fut formé, et on soutint notamment, devant le conseil d'Etat, que le préfet et le ministre n'étaient pas compétents pour statuer sur la demande en suppression, et que le jugement aurait dû être réservé au conseil de préfecture, aux termes de l'art. 7 du décret de 1810.

Le 13 février 1846, ordonnance qui rejette le recours ; elle est, en ce qui touche l'incompétence et l'excès de pouvoir, motivée en ces termes :

« Considérant qu'aux termes des art. 12 et 13 du
« décret du 15 octobre 1810, ci-dessus visé, quand il
« s'agit de prononcer, soit la suppression d'établisse-

« ments insalubres et incommodes non autorisés, soit
« le retrait, pour cause de translation dans un autre
« emplacement, ou d'interruption pendant plus de
« six mois , de l'avantage exceptionnel consacré par
« l'art. 11 du même décret en faveur des établisse-
« ments alors en activité, c'est à l'autorité adminis-
« trative qu'il appartient de décider si lesdits éta-
« blissements doivent être maintenus ou supprimés ;
« qu'aux termes de l'art. 7 du même décret, lorsqu'il
« y a opposition à la formation d'un établissement de
« deuxième classe projeté, c'est au conseil de préfec-
« ture qu'il appartient de statuer, après l'accomplis-
« sement des formalités administratives, et sauf
« recours devant nous, en notre conseil d'Etat, sur
« cette opposition. » (Voy. ord. 13 févr. 1846, Doublet
et Piquenot).

La distinction est on ne peut plus nettement établie entre les questions prévues et réglées par le décret
de 1810 et celles qui restent abandonnées à l'empire
du pouvoir de police des préfets. Cette distinction fait
également la base de plusieurs autres ordonnances,
qui décident que c'est aux préfets qu'il appartient de
prononcer, sauf recours au ministre, et après lui, au
conseil d'Etat, sur les demandes en fermeture d'établissements de la deuxième classe, pour cause soit
d'inexécution des conditions prescrites par les arrêtés
d'autorisation, soit d'interruption des travaux durant
plus de six mois. (Voy. ordon. 18 juin 1846, Saget ;
21 avril 1848, Pluquin ; 16 juillet 1857, Boizet ; 8 janvier 1864, Delmas).

97. — Dans les décisions que nous venons de reproduire, le principe n'est consacré que relativement

aux établissements de la deuxième classe ; mais on ne doit point hésiter à le généraliser. Le pouvoir de police dans lequel la compétence du préfet prend sa source n'a pas eu plus à souffrir des dispositions spéciales du décret de 1810 pour les établissements de la troisième classe (voy. ord. 19 janvier 1844, Capdeville et Bédu ; 28 janvier 1865, Planque) que pour ceux de la deuxième (1).

98. — Il suffit, d'ailleurs, de le considérer dans son exercice pour reconnaître au premier coup d'œil qu'il ne peut, en aucun cas, donner lieu à rien qui ressemble à un empiétement sur les attributions créées et définies par le décret.

Soit qu'il ait été pris d'office, soit qu'il intervienne sur réclamation des tiers, l'arrêté préfectoral motivé par une infraction aux prescriptions du réglement général ou aux conditions d'une autorisation particulière et destiné à la faire cesser, ne soulève jamais qu'une question distincte, indépendante de celle réservée aux autorités appelées à prononcer sur les demandes d'autorisation ou sur les oppositions qu'elles peuvent rencontrer. Le préfet qui ordonne la fermeture d'un établissement parce qu'il n'a pas été autorisé, ou parce qu'à raison de sa translation d'un emplacement à un autre, des modifications qu'il a subies ou de l'interruption de l'exploitation durant plus de six mois, il ne peut être remis en activité sans une autorisation nouvelle, ou bien enfin parce que le fabricant s'affranchit d'une ou plusieurs des conditions

______

(1) Il n'y a pas à parler de ceux de première classe, puisque le décret st. la décentralisation a substitué, pour ces établissements, le préfet au chef de l'Etat.

qui lui ont été imposées, ne s'engage que dans une appréciation de faits étrangers aux attributions dont les demandes d'autorisation font l'objet. Sa décision ne porte que sur l'obligation pour l'industriel de se munir d'une autorisation, ou de se conformer aux stipulations qu'elle renferme, lorsqu'il l'a obtenue ; et, dans ce dernier cas, s'il se réfère à l'acte d'autorisation, ce n'est que pour en faire l'application.

99. — Quant aux droits du fabricant qui a à lutter contre la mesure de rigueur prise à son égard, ils trouvent une garantie dans la faculté de recours devant le ministre d'abord, en second lieu, devant le conseil d'Etat. L'acte du préfet se présente, en effet, avec tous les caractères du contentieux administratif.

100. — J'ai dû insister sur le pouvoir de police qui appartient ici aux préfets, parce qu'il a été méconnu par les auteurs. M. Macarel (*Manuel des ateliers insalubres*, notions préliminaires, nos 39 et 40) enseigne que les demandes en suppression doivent s'introduire directement par la voie contentieuse et qu'ainsi, pour les établissements de seconde et de troisième classe, elles doivent être portées devant le conseil de préfecture. M. Clérault (*Traité des établissements dangereux*, no 592 et suiv.) veut qu'on saisisse le conseil d'Etat par la voie administrative pour les établissements de la première classe, et se croit autorisé à invoquer les décisions de la jurisprudence pour dire « que les de-
« mandes en suppression d'un établissement de se-
« conde classe sont du ressort du préfet, et que ce
« magistrat peut, ou y faire droit lui-même adminis-
« trativement, ou renvoyer les parties devant le con-
« seil de préfecture, pour être statué sur le litige. »

Enfin, M. Avisse (*Établissements industriels*, t. Ier, p. 216) envisage séparément le cas où il s'agit d'un établissement *non classé* qui a été formé sans autorisation ; le cas où il s'agit d'un établissement *classé* créé sans autorisation ; le cas où il s'agit d'un établissement transféré ou dont l'exploitation est reprise après une interruption de plus de six mois, et ce, sans autorisation ; et enfin, le cas où il s'agit d'un établissement *classé*, dont la formation a été régulièrement autorisée, mais sous des conditions auxquelles le fabricant ne se serait pas conformé, et propose une solution particulière pour chacun de ces cas. Dans ces opinions diverses, on ne retrouve pas les principes généraux ; et l'erreur provient, ce nous semble, d'une confusion entre le droit de suppression, pris comme moyen d'assurer l'exécution des dispositions qui font de l'autorisation une obligation, et le droit de suppression spécialement réglé par l'art. 11 du décret de 1810. C'est, au surplus, ce qui va ressortir de l'étude que nous avons à faire de ce dernier droit.

§ 6. — *Suppression pour cause d'inconvénients imprévus.*

110. — Les questions de suppression n'appartiennent pas au contentieux.

111. — Le décret sur la décentralisation n'a point dérogé à l'article 11 du décret de 1810.

101. — L'art. 11 du décret du 15 octobre 1810 porte : « Les dispositions du présent décret n'auront « point d'effet rétroactif; en conséquence, tous les « établissements qui sont aujourd'hui en activité, « continueront à être exploités librement, sauf les « dommages dont pourront être passibles les entre- « preneurs de ceux qui préjudicient aux propriétés « de leurs voisins : ces dommages seront arbitrés par « les tribunaux. »

L'auteur du décret a voulu respecter les droits acquis. Mais en même temps que, sous l'empire de ce sentiment, il consacrait l'existence des établissements créés antérieurement et exploités au moment de la promulgation des dispositions nouvelles, il a cru devoir exprimer que, dans sa pensée, cette consécration n'impliquait nulle atteinte aux droits des tiers. De là la réserve formelle, dans l'article précité, d'une action en dommages sur laquelle nous reviendrons quand nous aurons à parler des attributions des tribunaux ordinaires en matière d'ateliers insalubres.

Une préoccupation du même genre relative aux droits du public, a dicté l'art. 12 qui, à la suite de l'art. 11, ajoute : « Toutefois, en cas de graves incon- « vénients pour la salubrité publique, la culture ou « l'intérêt général, les fabriques et ateliers de pre- « mière classe qui les causent pourront être suppri- « més, en vertu d'un décret rendu en notre conseil « d'Etat, après avoir entendu la police locale, pris

« l'avis des préfets, reçu la défense des manufactu-
« riers ou fabricants. »

102. — Nous avons eu et nous aurons encore plus
d'une occasion de le rappeler : il est de l'essence du
pouvoir de police de ne jamais engager l'avenir. Les
actes qui procèdent de ce pouvoir n'ont rien de définitif et d'irrévocable vis-à-vis de lui-même. La mesure
prise aujourd'hui peut être, dès demain, modifiée ou
remplacée par une mesure différente ou contraire,
pourvu que la seconde soit motivée par les exigences
de l'intérêt même qui avait dicté la première.

Ce principe, qui domine toutes les matières de police, dont l'application nous frappera surtout lorsqu'il
s'agira d'apprécier et de déterminer les effets des autorisations nécessaires pour les usines à établir sur
les cours d'eau (Voy. *infrà*, chapitre des cours d'eau),
et qui suffisait à sauvegarder la salubrité publique,
la culture ou l'intérêt général contre les conséquences
extrêmes du *maintien* des établissements antérieurs
au décret de 1810, n'était pas présent à l'esprit de
l'auteur de ce décret, et c'est là, suivant nous, ce qui
a amené la réserve du droit de suppression écrite
dans l'art. 12.

Qu'en est-il résulté ?

Les propriétaires d'établissements créés postérieurement et conformément aux prescriptions du décret
de 1810, ont cherché à faire admettre que l'exercice
du pouvoir de police, quant au droit pour l'administration de revenir sur les autorisations accordées,
était spécialement *réglé* par l'art. 12, et que cet article,
par sa teneur et par la place qu'il occupe, n'autorisait
la suppression par mesure administrative, en cas

d'inconvénients reconnus, que pour les établissements antérieurs au décret. Ils soutenaient que, tandis que le droit de suppression pour ces établissements se justifiait par le fait que leur création n'avait pas été précédée des formalités propres à garantir les intérêts des tiers, il n'eût pas été rationnel de l'étendre à des ateliers qui ne pouvaient être ouverts qu'en vertu d'une permission délivrée par l'administration et seulement après l'accomplissement des plus nombreuses formalités.

102. — La jurisprudence n'a pas souscrit à ce système ; elle s'est fondée sur l'inaliénabilité et l'imprescriptibilité des droits d'ordre public pour se refuser à distinguer entre les établissement antérieurs et ceux postérieurs au décret de 1810, quant à l'exercice du pouvoir réservé par l'art. 12 de ce décret. (Voy. ord., 21 décembre 1837, veuve Masteaux.) Mais elle a virtuellement abandonné le principe général, ce que j'appellerai le droit commun en matière de police, pour faire dériver le droit de l'administration de la disposition spéciale de l'art. 12. Le pouvoir de police n'a donc plus ici l'étendue et l'indépendance qui le caractérise dans son application aux autres dépendances de son domaine. C'est en vertu de l'art. 12 du décret de 1810 et dans les formes et conditions déterminées par cet article que l'autorité administrative est maîtresse de revenir sur les autorisations accordées pour les ateliers insalubres, dangereux ou incommodes. Ce n'est que de cet article que les décisions de la jurisprudence font dériver son droit de suppression. (Voy. ord., 26 mai 1842, veuve Gérot ;

10 janvier 1845, Castilhon ; 13 juin 1845, Capdeville
et Bédu ; 5 janvier 1850, veuve Duquesne.)

104. — Aux termes de l'article 12 du décret, la suppression ne peut être prononcée que par le conseil
d'Etat. Il ne s'ensuit cependant pas que les préfets
soient exposés à se trouver désarmés en face d'inconvénients imprévus ; ils ont la ressource des mesures
provisoires pour parer au péril, et sont même autorisés à ordonner, à ce titre, la clôture de l'atelier.
Mais il leur est interdit, sous peine d'excès de pouvoir,
de prendre aucune disposition définitive. Nous nous
servons de l'expression générale de disposition, parce
que le droit de suppression implique naturellement
le droit de modification, et que son exercice aboutit
souvent à une stipulation de conditions nouvelles à
remplir par le fabricant.

105. — Par arrêté du 7 décembre 1841, le préfet
de police de la Seine avait ordonné la fermeture d'un
spectacle connu sous le nom de *Spectacle du combat du
taureau* et situé dans la commune de Belleville, aux
portes de Paris. L'arrêté portait, en outre, qu'un
délai de deux mois était accordé au propriétaire de
l'établissement « pour lui fournir les moyens de dis-
« poser et de tirer parti de ses animaux et du maté-
« riel de sa ménagerie ; qu'à l'expiration de ce délai,
« et à défaut par le propriétaire d'avoir usé de la fa-
« culté résultant de la précédente disposition, la
« ménagerie serait définitivement supprimée comme
« établissement insalubre et dangereux, et que les
« animaux de toute sorte qui la composaient seraient
« saisis, conduits et déposés à la fourrière de la pré-

« fecture de police, pour être ensuite statué ce qu'il
« appartiendrait... »

La veuve Gérot, propriétaire de l'établissement,
attaqua l'arrêté devant le ministre de l'intérieur, et
en appela ensuite au conseil d'Etat.

Le 26 mai 1842, ordonnance ainsi conçue :

« Louis-Philippe, etc. — Vu les lois des 16-24 août
« 1790, tit. XI, et des 13-19 janvier 1791, les décrets
« du 11 juin 1806 et du 29 juillet 1807, et les art. 21
« et 22 de la loi du 9 septembre 1835 ; vu l'arrêté du
« 12 messidor an VIII, le décret du 15 octobre 1810
« et l'ordonnance royale du 14 janvier 1815 ;

« Considérant qu'il résulte de l'instruction que l'é-
« tablissement de la veuve Gérot est à la fois une mé-
« nagerie, comprise en cette qualité dans la première
« classe des établissements insalubres et incommodes,
« et un spectacle de combats d'animaux, soumis
« comme tel aux lois et réglements sur les théâtres
« et spectacles ;

« *En ce qui touche le spectacle :* — Considérant que,
« en vertu des lois et décrets sus-visés sur les théâtres
« et spectacles, aucun théâtre ni spectacle, de quelque
« nature qu'il soit, ne peut être établi sans l'autori-
« sation préalable de l'administration ; que la veuve
« Gérot ne justifie d'aucune autorisation régulière
« accordée, soit à elle, soit à ses prédécesseurs, pour
« l'exploitation de son spectacle de combats d'ani-
« maux ; que, dès lors, il appartenait au préfet de
« police d'ordonner la fermeture dudit établissement,
« en tant que spectacle, sauf le recours par la voie
« administrative par-devant notre ministre de l'inté-
« rieur ; considérant que la décision par laquelle

« notre ministre de l'intérieur a déclaré approuver
« la fermeture dudit spectacle ne saurait nous être
« déférée par la voie contentieuse. *En ce qui touche la*
« *ménagerie :* — Considérant qu'il résulte de l'instruc-
« tion que l'établissement et ses animaux de toutes
« sortes ont été saisis, conduits et déposés à la
« fourrière de la préfecture de police ; et que, par
« ces diverses dispositions, le préfet de police a ex-
« cédé ses pouvoirs ;

« Art. 1er. La décision de notre ministre de l'inté-
« rieur du 8 janvier 1842, confirmative de l'arrêté du
« préfet de police du 7 décembre 1841, ensemble le-
« dit arrêté, sont annulés pour excès de pouvoirs, en
« ce qui touche la suppression de l'établissement de
« la veuve Gérot, en tant que ménagerie, et les dis-
« positions qui sont la conséquence de ladite sup-
« pression. — Art. 2. Le surplus des conclusions de
« la veuve Gérot est rejeté. »

Nous avons voulu reproduire cette décision *in ex-*
tenso parce qu'elle nous a paru mettre en pleine lumière la restriction que le pouvoir de police confié
aux préfets subit en matière d'ateliers insalubres.

106. — Une décision plus récente statue, à la fois,
sur un arrêté qui assignait des conditions nouvelles
à une exploitation autorisée et sur un arrêté posté-
rieur qui prononçait la suppression de l'établissement.
Il y est dit « que le droit du préfet de police se bornait
« à donner un avis et à prendre, à titre provisoire,
« les mesures convenables ; mais que par arrêté du
« 12 octobre 1840, le préfet de police a imposé, à
« titre permanent, à l'exploitation du sieur Capde-
« ville, cessionnaire du sieur Bédu, des conditions

« qui ne sont pas écrites dans l'ordonnance d'auto-
« risation du 18 septembre 1833, et qui ne nous ont
« pas été soumises en notre conseil d'Etat, et que
« par un second arrêté du 8 juillet 1841, le préfet
« de police a prononcé la suppression de l'établisse-
« ment; qu'en cela il a excédé ses pouvoirs; d'où il
« suit que c'est à tort que notre ministre de l'agri-
« culture et du commerce a confirmé lesdits arrêtés...»
(Voy. ord., 13 juin 1845, Capdeville et Bédu).

107. — L'art. 12 du décret, en consacrant le droit
de suppression, ne parle que des établissements de
première classe; serait-ce que le législateur a pensé
que les ateliers compris dans les autres catégories ne
peuvent jamais présenter d'assez graves inconvénients
pour qu'il soit nécessaire de revenir sur l'autorisation
dont ils ont fait l'objet ? Nous devons le croire; mais,
quoi qu'il en soit, il faut conclure du silence gardé
relativement aux établissements des deux dernières
classes, que le droit de suppression, et c'est en cela
que l'atteinte portée au pouvoir de police a le plus
de gravité, est inapplicable à ces établissements.
M. Clérault cite à l'appui de cette opinion le fait suivant :

« Une raffinerie de sucre établie rue Hautefeuille, à
« Paris, excitait les plaintes les plus vives.

« Le préfet de police s'en émut ; l'architecte de la
« petite voirie et le conseil de salubrité allèrent, par
« son ordre, visiter les lieux. Leur rapport justifia
« complétement les réclamations des voisins ; il con-
« statait que l'usine présentait de nombreux incon-
« vénients, et que son exploitation compromettait
« gravement la sûreté publique.

« Après avoir prescrit quelques précautions d'ur-
« gence, le préfet de police proposa au ministre de
« l'intérieur d'en référer au conseil d'Etat et de lui
« demander la suppression de l'établissement.

« Le comité consultatif des arts et manufactures,
« dont on requit l'avis, ne se rangea pas à l'opinion
« du préfet de police. Il fit observer que l'art. 12 du
« décret du 15 octobre 1810 concernait exclusivement
« les ateliers de première classe *et ne pouvait consé-*
« *quemment pas atteindre la raffinerie contentieuse* qui
« appartenait à la *deuxième.*

« Suivant lui, la fermeture de cette usine n'était
« possible que *par mesure d'expropriation pour cause*
« *d'utilité publique,* c'est-à-dire au prix d'une indemnité
« envers le propriétaire.

« Conformément à cet avis, le ministre ne donna
« aucune suite à la proposition du préfet de police,
« et force fut aux voisins de supporter le malencon-
« treux établissement qui les désespérait, sous le
« bénéfice de l'action en dommages et intérêts que
« leur ouvrait l'art. 11 du décret de 1810. ». (Voy.
Traité des établissements dangereux, insalubres ou incom-
modes, p. 305).

108. — Le conseil d'Etat ne peut être saisi des demandes en suppression que par la voie administrative ; la voie contentieuse est fermée à toute demande
de ce genre. (Voy. ord. 10 janvier 1845, Castilhon).
Mais les tiers n'en ont pas moins la ressource d'une
action directe, lorsque le préfet se refuse à provoquer
la suppression d'office par l'intermédiaire du ministre.
Ils adressent une requête au conseil d'Etat, et cette
requête est ensuite renvoyée au ministre, qui est

chargé de faire procéder à l'instruction de l'affaire.

109. — Le décret veut qu'avant de statuer, *on ait reçu la défense des manufacturiers ou fabricants*. Il ne faut voir là, pour l'administration, qu'une obligation de mettre les propriétaires de l'établissement en demeure de présenter leurs défenses. Cette mise en demeure n'est, d'ailleurs, assujettie à aucune forme ; on a jugé qu'il suffisait d'une lettre écrite par le maire aux intéressés, pour leur donner avis qu'une enquête de *commodo* et *incommodo* concernant leur établissement, était ouverte à la mairie. (Voy. ord. 5 janv. 1850, veuve Duquesne).

110. — Le conseil d'Etat considère les questions engagées dans les demandes de suppression comme des questions de salubrité publique et d'intérêt général dont l'appréciation exclusive doit appartenir à l'administration, et s'interdit d'une manière absolue de connaître, au contentieux, de ces sortes de questions. Ce n'est que dans le cas où, par suite de l'inaccomplissement de l'une des formalités prescrites à titre de garanties pour les droits ou intérêts privés, l'ordonnance, qui prononce la suppression ou impose des conditions nouvelles pour le maintien de l'établissement, se trouve entachée de quelque vice de forme, que le conseil d'Etat admet le recours par la voie contentieuse. Et, même dans ce cas, il s'abstient de juger au fond le mérite de l'acte attaqué, il ne l'apprécie que dans la forme, et s'il l'annule, ce n'est que sauf le droit pour l'administration de faire procéder à une instruction plus régulière et de prononcer à nouveau. (Voy. ordon. 10 déc. 1840, Cazeneuve ;

12 mars 1846, veuve Gauthier ; 5 janvier 1850, veuve Duquesne) (1).

111. — Le décret *sur la décentralisation administrative*, du 25 mars 1852, qui appelle, par dérogation au décret de 1810, les préfets à statuer sur les demandes d'autorisation pour les établissements insalubres de première classe, ne dit rien de leur suppression. L'art. 12 du décret du 15 octobre 1810, que nous venons d'examiner, garde donc toute son autorité et sa force : le droit de suppression est resté en dehors de l'attribution faite aux préfets. (Décr. 26 janv. 1860, Mazars). C'est ce que le ministre reconnaissait dans sa circulaire à la date du 15 décembre 1852. « Le premier point, écrivait-il aux préfets, sur lequel j'appellerai votre attention, parce qu'il a déjà été l'objet d'une interprétation erronée, c'est le cas où il s'agit de suppression d'un établissement par application de l'art. 12 du décret du 15 octobre 1810. Les affaires de ce genre doivent être instruites comme elles l'étaient avant le décret du 25 mars, et soumises ensuite à l'administration supérieure qui ne statuera qu'après avoir pris l'avis du conseil d'État. Le décret ne décentralise, en effet, que les demandes en autorisation, et ses motifs ne sauraient s'appliquer à des instances qui se présentent en général très-rarement, n'offrent pas un caractère d'urgence et peuvent entraîner une sorte d'expropriation. »

---

(1) Quatre ordonnances ont été, à la même date et dans des termes identiques, rendues sur autant de recours formés pour des fondeurs de suif de Lille.

§ 7. — Établissements dont la création a précédé le décret de 1810.

112. — A quelle autorité appartient-il de décider si un établissement était ou non en activité lors de la promulgation du décret de 1810 ?

112. — Nous revenons à l'art. 11 du décret de 1810 que j'ai reproduit au commencement du paragraphe précédent, pour dire un mot de la disposition qui a dispensé de l'autorisation les établissements en activité au jour de la promulgation du décret.

L'application de cette disposition, qui perd d'ailleurs chaque jour de son intérêt, ne peut guère offrir de difficulté que sous le rapport de la compétence.

A quelle autorité appartient-il de décider si un établissement était ou non en activité au 15 octobre 1810 ?

La question ne surgit et ne doit jamais être jugée que comme exception, comme défense opposée à l'attaque dirigée contre l'établissement dont l'existence est contestée. Cette attaque, soit qu'elle procède de voisins gênés ou menacés par l'exploitation, soit qu'elle se produise d'office, tend à amener la clôture de l'atelier et saisit l'autorité préposée à la surveillance immédiate des établissements insalubres ou incommodes et chargée de procurer l'exécution des prescriptions de police qui les régissent, à savoir le préfet. Nous en faisons résulter pour lui, en principe, le droit de connaître de l'application de l'art. 11 dans la partie qui dispose que les établissements alors en exploitation continueront à être exploités librement (1).

(1) Cette doctrine se concilie parfaitement avec la jurisprudence de la cour de cassation qui, ainsi que nous l'expliquerons plus

Les décisions qu'il peut être appelé à rendre à cet effet participent, d'ailleurs, des caractères du contentieux, et sont, par conséquent, susceptibles du recours devant le ministre, et, en second lieu, devant le conseil d'Etat.

§ 8. — *Établissements non classés et qui seraient de nature à l'être.*

113. — Texte de l'art. 5 de l'ordonnance du 14 janvier 1815.
114. — Droit de suspension attribué au préfet.
115. — Recours.
116. — Suite.
117. — Droit d'autorisation.
118. — Exemples de classement par assimilation.

113. — L'industrie, dans ses progrès, fait incessamment naître des établissements nouveaux, et chaque jour en voit créer, qui, à raison des dangers qui les entourent, doivent prendre place dans les classifications légales. C'est ainsi que la nomenclature des ateliers soumis à l'autorisation a été successivement agrandie et forme un *état* dont les éléments augmentent presque chaque année.

On lit à l'art. 5 de l'ordonnance du 14 janvier 1815, qui a rempli une lacune en ce point du décret du 15 octobre 1810 :

« Les préfets sont autorisés à faire suspendre la
« formation ou l'exercice des établissements nou-
« veaux, qui, n'ayant pu être compris dans la nomen-
« clature précitée, seraient cependant de nature à y

loin, veut que la question d'existence antérieure au décret de 1810 soit réservée à l'autorité administrative, lorsqu'elle surgit devant la juridiction civile ou criminelle.

« être placés. Ils pourront accorder l'autorisation
« pour tous ceux qu'ils jugeront devoir appartenir
« aux deux dernières classes de la nomenclature, en
« remplissant les formalités prescrites par le décret
« du 15 octobre 1810, sauf, dans les deux cas, à en
« rendre compte à notre directeur-général des ma-
« nufactures et du commerce. »

A ce texte, il faut, désormais, joindre la partie du
décret sur la *décentralisation* du 25 mars 1852, qui
porte que : « Les préfets statueront sur l'autorisation
« des établissements insalubres de première classe
« dans les formes déterminées pour cette nature d'é-
« tablissements, et avec le recours existant aujour-
« d'hui pour les établissements de deuxième classe.»
L'attribution faite au préfet embrasse tout ce qui
concerne l'autorisation des établissements de la première classe, et elle nous semble avoir eu pour effet
de faire disparaître, quant au droit consacré au profit
du préfet par l'art. 5 de l'ordonnance de 1815, toute
distinction entre les ateliers de la première classe, et
ceux des deux autres.

Le ministre ne l'entend pas ainsi ; on lit dans la
circulaire que j'ai déjà citée : « Pour ce qui concerne
les établissements nouveaux qui, n'ayant pas été compris dans la nomenclature des ateliers classés, vous
sembleraient de nature à être rangés dans la première
classe, vous n'aurez point à en déterminer le classement, même provisoire ; mais vous en référerez à mon
ministère, afin que la mesure puisse être l'objet d'un
décret, vous bornant à suspendre au besoin la formation ou l'exploitation de l'usine.

« A l'égard des établissements non encore classés

qui vous paraîtraient devoir rentrer dans l'une ou l'autre des deux dernières classes, vous pouvez d'après l'art. 5 de l'ordonnance du 14 janvier 1815, en permettre, provisoirement, la formation, en portant immédiatement cette décision à ma connaissance. Toutefois, vous comprendrez facilement qu'il convient de n'user de cette faculté que dans les cas urgents, et je vous recommande de me soumettre, en général, la question de classement, avant de laisser ouvrir l'usine, même à titre provisoire. C'est le moyen de prévenir, pour l'administration, l'inconvénient d'avoir à revenir sur ses décisions, et pour les industriels des dépenses qui deviendraient inutiles, si le classement primitif n'était pas maintenu.

La marche que je viens d'indiquer aura, en outre, l'avantage de permettre à l'administration de procéder par mesure générale, de telle sorte qu'une même industrie ne soit plus rangée dans des classes différentes suivant les appréciations diverses des autorités départementales. » (Voy. circul. 15 déc. 1852). Ce langage est clair, le ministre déclare que la distinction établie par l'art. 4 de l'ordonnance de 1815 est maintenue ; est-il conforme aux dispositions du décret du 5 mars 1852 ? L'art. 6 réserve bien au ministre le droit d'astreindre les préfets à lui rendre compte et à subir son contrôle pour les objets qu'il lui plaira de déterminer ; mais là le ministre va bien plus loin, il interdit aux préfets l'exercice d'un pouvoir qui leur a été, suivant nous, conféré par le décret ; nous croyons donc qu'en principe, les préfets ne sauraient être considérés comme liés par l'instruction, sous ce rapport.

114. — Le droit de suspension « est un moyen pré-
« ventif, mis à la disposition des préfets dans l'intérêt
« même des propriétaires d'ateliers, qui ne manque-
« raient pas de se plaindre de la tolérance de l'admi-
« nistration qui les aurait laissés s'engager dans des
« frais considérables de premier établissement et les
« aurait entretenus dans une sécurité trompeuse. Il
« était aussi à craindre que l'influence du fait accom-
« pli s'étendît sur les actes des préfets, à leur insu
« même, et sous l'apparence d'une raison d'équité,
« au grand préjudice de l'intérêt général, » (Voy.
M. Avisse, *Établissements industriels*, t. I, p. 51).

115. — L'attribution conférée à cet égard au préfet
est dégagée des prescriptions applicables à l'instruction et à l'appréciation des demandes d'autorisation
pour les établissements classés, elle n'est dominée
que par les principes généraux touchant les actes de
l'autorité préfectorale. Les propriétaires des établissements frappés de suspension et qui se croient fondés à soutenir que leur industrie n'est pas *nouvelle*, et
que si elle est restée en dehors de la nomenclature
de classification, c'est que le gouvernement en a reconnu l'innocuité, ne peuvent donc en appeler directement au conseil d'Etat, c'est d'abord devant le
ministre que leur réclamation doit se produire. (Voy.
ord. 4 sept. 1841, Gravier).

116. — La règle est la même pour les tiers.

En 1835, le sieur Derosne était propriétaire à Chail-
lot d'une fabrique d'appareils en cuivre pour la distillerie. Plusieurs propriétaires voisins et, entre autres,
un sieur Dangest, incommodés par le bruit des ateliers, dénoncèrent l'existence de l'établissement au

préfet de police, et se fondèrent sur ce qu'il avait été créé sans autorisation pour en demander la suppression.

Le préfet fit visiter la fabrique, reconnut qu'elle n'était pas de celles classées par les réglements au nombre des ateliers dangereux, insalubres ou incommodes et se refusa à la faire fermer.

Les sieurs Dangest et consorts en appelèrent au conseil de préfecture qui se déclara incompétent par le motif qu'il était seulement chargé de prononcer sur les oppositions aux ateliers autorisés, et que la réclamation n'était pas dirigée contre une autorisation accordée pour la création d'un établissement classé parmi les ateliers dangereux, insalubres ou incommodes, mais contre le refus par le préfet d'appliquer à cet établissement la législation propre aux ateliers classés.

Cet arrêté fut déféré au conseil d'Etat, et, le 2 janvier 1848, une ordonnance statua en ces termes:

« Considérant que l'établissement du sieur Derosne « n'est pas *classé* par les réglements sus-visés au « nombre des établissements insalubres ou incom- « modes, et que le préfet de police s'étant refusé par « ce motif à soumettre ledit établissement aux for- « malités prescrites par ces réglements, c'est avec « raison que le conseil de préfecture s'est abstenu « de statuer sur l'opposition formée par les requé- « rants à l'arrêté du préfet de police, du 9 juillet 1835; « — Art. 1er. La requête du sieur Dangest et consorts « est rejetée. »

Le conseil d'Etat ne pouvait déclarer plus nettement que, pour les tiers aussi bien que pour les propriétaires des ateliers non classés, les arrêtés pris par les préfets dans l'exercice du droit de suspension sont sous la protection des règles ordinaires.

117. — Mais il ne faut pas confondre, sous ce rapport, le droit de suspension avec le droit d'autorisation que le préfet tient également de l'art. 5 de l'ordonnance de 1815. Cet article, en disant que le préfet pourra accorder l'autorisation pour les établissements qu'il jugera devoir appartenir aux deux dernières classes de la nomenclature (1), ne fait autre chose que confirmer et étendre le droit d'autorisation consacré pour les établissements classés. L'arrêté qui prononce sur la question d'autorisation pour un établissement non-classé émane de la même autorité, est pris dans la même forme et après la même instruction, et est destiné à produire les mêmes effets que s'il s'agissait d'un établissement classé. Nous ne comprenons pas comment il serait possible de le soustraire, quant au recours, à l'application des dispositions spéciales du décret de 1810 et de l'ordonnance de 1815. L'art. 5 de cette ordonnance trancherait, d'ailleurs, la difficulté si on tentait de la soulever, puisqu'il renvoie expressément aux formalités prescrites par le décret de 1810 pour l'exercice du droit d'autorisation donné au préfet (2).

(1) Nous avons fait remarquer un peu plus haut que le décret sur la décentralisation avait étendu la compétence du préfet aux ateliers de première classe.

(2) M. Avisse nous paraît s'être laissé égarer sur ce point par une fausse application de l'ordonnance du 2 janvier 1848. Il a pris pour base de sa discussion sur les actes d'autorisation un précédent qui n'avait trait qu'à un refus de prononcer la suspension. (Voy. t. I, p. 57).

118. — La nomenclature du 31 décembre 1866 est encore trop récente pour que nous puissions rapporter des classements opérés par assimilation aux établissements qui s'y trouvent compris ; nous sommes donc réduit à citer des exemples empruntés aux avis donnés antérieurement par le comité consultatif des arts et manufactures, et transmis par le ministre à des préfets qui avaient cru devoir le consulter (1). La nature des motifs d'assimilation ne peut évidemment différer de celle des motifs de classement ; on y verra donc l'administration s'attacher tantôt à la qualité même de l'objet exploité ou fabriqué, tantôt au caractère des procédés de fabrication et tirer les raisons d'analogie soit de cette qualité soit de ces procédés.

Les ateliers pour le battage et le lavage des déchets de filatures de lin ont été considérés comme devant être rangés dans la troisième classe, par assimilation au battage de la laine et de la bourre. (Voy. avis du comité du 19 mars 1853).

Les fabriques de briquettes de charbon au moyen du goudron provenant de la fabrication du gaz ont été assimilées aux ateliers de distillation, préparation ou emploi des résidus du gaz et rangées dans la première classe. (Voy. avis du comité des 27 août 1842 et 19 mars 1853).

La fabrication du cyanure de potasse a été assimilée à la fabrication de la potasse, qui appartient à la deuxième classe, mais comme elle offrait moins d'in-

---

(1) Voyez *suprà*, n° 113 : le ministre veut que les préfets s'abstiennent de statuer pour les établissements à assimiler à ceux de la première classe.

convénient, on a pensé qu'il convenait de ne la comprendre que dans la troisième classe. (Voy. avis du 17 déc. 1853).

Les dépôts de guano, qui répandent une odeur incommode si l'amas est considérable et placé dans un lieu humide, n'ont été de même rangés que dans la deuxième classe, bien qu'ils soient à la rigueur assimilables aux dépôts et fabriques d'engrais qui sont de la première. (Voy. avis du 3 juin 1848).

Les dépôts d'os, assimilés aux dépôts de chairs ou débris d'animaux, ont été rangés dans la première classe. (Voy. avis du 7 sept. 1853).

Les dépôts de poissons salés ont été rangés dans la deuxième classe par assimilation aux ateliers de salaison. (Voy. avis du 24 août 1853).

Les distilleries de plantes aromatiques ont été également rangées dans la deuxième classe par assimilation aux distilleries d'eau-de-vie et de genièvre, le danger du feu leur étant commun comme motif de classement. (Voy. avis du 26 févr. 1853).

Les ateliers de grillage du vieux fer-blanc pour en retirer l'étain ont été assimilés aux fabriques de fer-blanc et, par suite, placés dans la troisième classe. (Voy. avis du 15 oct. 1853).

Les fabriques d'engrais phosphatés et azotés ont été assimilées aux dépôts d'engrais et considérées comme de la première classe. (Voy. décision ministérielle du 22 juin 1853).

Les fabriques d'huile de schistes bitumineux ont été, par assimilation au travail des goudrons, rangées dans la première classe. (Voy. avis du 28 mai 1853).

Les fabriques de produits chimiques extraits de la

soude brute de varech et de ses composés, produits qui sont les suivants : muriate de potasse, chlorure de sodium, sulfate de potasse, sulfate de soude, ont été assimilées aux fabriques de sulfate de soude, que la nomenclature mentionne comme de la deuxième classe. (Voy. avis du 26 mars 1853).

Les moulins à battre le cuir, incommodes à raison du bruit, ont été assimilés aux moulins à battre les peaux de chamois, établissements de la deuxième classe. (Voy. avis du 3 mai 1850).

La fabrication du perchlorure et du persulfate de fer a été assimilée à la fabrication du chlorure et du sulfate de chaux et, néanmoins, au lieu de la faire rentrer dans la deuxième classe, on ne l'a comprise que dans la troisième. On a reconnu que ses inconvénients étaient moins graves. (Voy. avis du 17 décembre 1853).

La plupart des établissements auxquels se rapportent ces avis ont pris place dans la nomenclature annexée au décret du 31 décembre 1866.

CHAPITRE VI.

Ateliers de nature à tomber sous l'application des lois relatives aux cours d'eau, aux usines à feu, aux bois et forêts, aux douanes et aux fabriques de soude.

119. — Usines hydrauliques — Autorités compétentes pour les autoriser depuis le décret du 25 mars 1852. — Formalités qui doivent précéder l'autorisation.

119. — Aucune usine hydraulique ne peut être établie sans une autorisation. Antérieurement au décret du 25 mars 1852 la jurisprudence décidait que l'autorisation devait dans tous les cas être accordée par le chef de l'Etat. Ce décret a consacré une distinction très-importante. Il a rangé parmi les actes pour lesquels le préfet est compétent :

1° l'autorisation sur les cours d'eau navigables ou flottables des prises d'eau faites au moyen de machines et qui, eu égard au volume du cours d'eau, n'auraient pas pour effet d'en altérer sensiblement le régime ;

2° l'autorisation des établissements temporaires sur lesdits cours d'eau, alors même qu'ils auraient pour effet de modifier le régime ou le niveau des eaux et la fixation de la durée de la permission ;

3° l'autorisation sur les cours d'eau non navigables ni flottables de tout établissement nouveau, tel que moulin, usine, barrage, prise d'eau d'irrigation, patouillet, bocard, lavoir à mines.

Pour tous les établissements qui ne se trouveraient pas dans les conditions indiquées par ces différentes dispositions, l'autorisation ne peut être accordée que par un décret rendu en conseil d'État.

Quant aux formalités qui doivent précéder l'autorisation, elles ont été déterminées par une instruction ministérielle du 19 thermidor an VI. Deux circulaires, l'une du directeur général des ponts-et-chaussées en date du 16 novembre 1834, l'autre du ministre des travaux publics en date du 23 octobre 1851, les ont réglées d'une manière complète. Nous rappellerons les plus essentielles.

Celui qui sollicite l'autorisation doit adresser au préfet une demande en double expédition indiquant le cours d'eau sur lequel l'usine sera établie, l'emplacement qu'elle occupera, les établissements hydrauliques placés immédiatement en amont et en aval, l'usage auquel l'usine est destinée, les changements probables que l'établissement de l'usine apportera au niveau des eaux, la durée des travaux.

Le préfet prend un arrêté pour ordonner qu'il soit procédé à une enquête dans la commune où l'établissement sera situé, et fixer la date de l'ouverture ainsi que celle de la clôture de cette enquête, qui doit durer vingt jours. Les oppositions et observations sont reçues à la mairie.

L'enquête terminée, le maire dresse un procès-verbal et envoie, avec son avis, le dossier au sous-préfet qui le transmet, également avec son avis, au préfet.

Les pièces sont alors remises à l'ingénieur ordinaire, qui procède à la visite des lieux. Le jour de cette visite est annoncé; et toutes les personnes que la création de l'établissement intéresse directement sont invitées personnellement à y assister.

L'ingénieur ordinaire rédige le procès-verbal de sa visite, dresse tous les plans utiles et envoie à l'ingénieur en chef un rapport à la fin duquel il doit formuler ses propositions. L'ingénieur en chef transmet ce rapport au préfet avec ses observations et son avis.

On procède alors à une nouvelle enquête de quinze jours; et dans le cas où, à la suite de cette enquête, les ingénieurs croient devoir modifier leurs propositions, une seconde enquête de quinze jours est encore ouverte.

Quand le dossier est revenu à la préfecture, le préfet, suivant les cas, statue par un arrêté ou envoie le dossier au ministre des travaux publics pour qu'il fasse rendre un décret en conseil d'Etat, s'il pense que l'autorisation doit être accordée.

120. — Lorsque l'usine hydraulique est en même temps un établissement dangereux, insalubre ou incommode, est-il nécessaire de remplir successivement les formalités exigées soit au point de vue de la salubrité publique, soit au point de vue du régime du cours d'eau? Faudra-t-il deux demandes, deux enquêtes etc. ? Ce serait une complication fort inutile. Tout ce qu'on peut exiger, c'est que les diverses formalités soient observées. La demande adressée au

préfet devra donc contenir les indications nécessaires soit en matière d'ateliers insalubres, soit en matière d'usines situées sur les cours d'eau. De même l'enquête portera tout à la fois sur le danger, l'insalubrité ou l'incommodité de l'usine et sur les effets que l'exécution des travaux doit entraîner au point de vue du cours d'eau. S'il s'agit d'ateliers insalubres de première classe la demande devra être affichée dans toutes les communes situées dans un rayon de cinq kilomètres. Le conseil de préfecture doit en outre être consulté sur les oppositions. Il faut d'ailleurs, quelle que soit la classe de l'établissement, que le conseil d'hygiène et de salubrité soit appelé à donner son avis.

Il arrivera fréquemment que l'autorité chargée de statuer sur l'autorisation au point de vue du cours d'eau ne sera pas la même que celle qui est compétente en matière d'ateliers insalubres. Ainsi, un établissement de première ou de seconde classe est-il situé sur un cours d'eau, navigable ou flottable, le préfet a, aux termes du décret du 25 mars 1852, le pouvoir de l'autoriser en tant qu'atelier insalubre; c'est au contraire par décret rendu en conseil d'État que l'établissement doit être autorisé en tant qu'usine hydraulique, à moins qu'il ne s'agisse d'une usine temporaire ou d'une simple prise d'eau ne pouvant modifier le régime ou le niveau de la rivière. Pour les établissements de troisième classe, l'autorité compétente n'est dans aucun cas la même puisque les sous-préfets n'ont jamais le pouvoir d'autoriser les usines hydrauliques, quel que soit le cours d'eau qui les fait mouvoir. Dans le ressort de la préfecture de police la compétence est toujours divisée, à quelque classe que l'établissement appartienne. C'est en effet le préfet de police qui, ainsi que nous l'avons dit précédemment, autorise les ateliers de première, seconde ou troisième classe, tandis que c'est l'Empereur ou le préfet de la Seine qui a le droit d'autoriser les usines hydrauliques, suivant les distinctions établies par le décret du 25 mars 1852.

Dans le cas où la même autorité est compétente pour accorder la double autorisation, elle statue par un seul et même acte. Et dans le cas contraire, l'acte d'autorisation émané de l'autorité inférieure prend place dans l'instruction à la suite de laquelle doit intervenir la décision réservée à l'administrateur du degré le plus élevé.

121. — Aux termes de l'article 73 de la loi du 21 avril 1810 les fourneaux à fondre les minerais de fer et autres substances métalliques, les forges et martinets pour ouvrer le fer et le cuivre, les usines servant de patouillets et bocards, celles pour le traitement des substances salines et pyriteuses, dans lesquelles on consomme des combustibles, ne pouvaient être établis que sur une permission accordée par un décret rendu en la forme des réglements d'administration publique.

Cette permission n'était délivrée qu'après une instruction dont les formes avaient été tracées soit par la loi du 21 avril 1810, soit par différentes circulaires ministérielles.

Dans le cas où les usines métallurgiques que désignait l'article 73 constituaient en même temps des établissements classés, il était donc nécessaire de combiner les formalités prescrites par la loi du

21 avril 1810 avec celles qui doivent précéder l'autorisation des ateliers dangereux, insalubres ou incommodes. Il fallait notamment que la demande restât affichée pendant quatre mois, et que le préfet prît l'avis de l'ingénieur des mines et celui de l'agent forestier.

122. — Il n'en est plus ainsi aujourd'hui. Peu importe, au point de vue des formalités à observer, que l'atelier classé soit une usine métallurgique. L'art. 73 de la loi du 21 avril 1810 a, en effet, été abrogé ; les usines métallurgiques peuvent être établies sans autorisation administrative. Cela résulte de l'art. 1er de la loi du 9 mai 1866, qui contient la disposition suivante : « Sont abrogés les articles 73 à 78 de la loi du 21 avril 1810, ayant pour objet de soumettre à l'obtention d'une permission préalable l'établissement des fourneaux, forges et usines. »

123. — Ce que la loi de 1866 a supprimé, c'est uniquement l'autorisation exigée par l'art. 73 de la loi du 21 avril 1810 et l'instruction administrative qui devait la précéder. Elle n'a apporté aucune modifications aux dispositions qui régissent les établissements dangereux, insalubres ou incommodes. Si donc une usine métallurgique rentre dans la catégorie des ateliers classés, elle n'aura pas besoin d'être autorisée en tant qu'usine métallurgique ; mais elle n'en sera pas moins soumise, en tant qu'établissement dangereux, insalubre ou incommode, à toutes les règles qui sont applicables à ces sortes d'établissements : « Cette suppression, lisons-nous dans le rapport de la commission, n'abroge pas la législation protectrice qui a trait aux établissements insalubres, incommodes

ou dangereux, à l'emploi des machines à vapeur, au régime des cours d'eau, aux constructions élevées dans la zône frontière. D'où il résulte qu'au point de vue de l'intérêt des tiers, de la salubrité, de la sécurité publiques, du voisinage, les garanties que réclame une saine appréciation des intérêts en présence, continuent à subsister : ce qui disparaît c'est la réglementation abusive, la restriction, la formalité dont on n'aperçoit plus l'avantage, et qui d'ailleurs ne concorde plus avec la mise en exercice du jeu naturel de l'offre et de la demande, et par là de l'établissement vrai de la valeur des choses, telle qu'elle résulte de la libre concurrence. »

124. — La nomenclature annexée à l'ordonnance du 14 janvier 1815 contenait, en ce qui concernait quelques établissements, la mention suivante :

« Indépendamment des formalités prescrites par le décret du 15 octobre 1810, la formation des établissements de ce genre ne pourra avoir lieu qu'après que les agents forestiers, en résidence sur les lieux, auront donné leur avis sur la question de savoir si la reproduction des bois dans le canton, et les besoins des communes environnantes permettent d'accorder la permission. »

La nouvelle nomenclature du 31 décembre 1866 n'ayant reproduit cette mention pour aucun établissement, il nous semble qu'il ne serait plus nécessaire de consulter les agents forestiers que dans les cas où des dispositions spéciales de lois ou de réglements auraient prescrit l'accomplissement de cette formalité.

125. — Les articles 151 et suivants du Code fores-

tier contiennent des dispositions relatives à certains établissements situés dans l'enceinte ou à proximité des bois et forêts soumis au régime forestier.

On ne peut sans autorisation établir dans l'intérieur de ces forêts et même à moins d'un kilomètre de distance, des fours à chaux ou à plâtre, des briqueries. des tuileries, des maisons sur perches, loges, baraques ou hangars (art. 151 et 152). L'article 153 exige même une autorisation pour toute construction de maisons ou de fermes à la distance de 500 mètres, sauf s'il s'agit de bois appartenant à des communes et d'une contenance inférieure à 250 hectares. Une autorisation est également nécessaire, aux termes de l'article 155, pour toute usine à scier le bois qui doit être située dans l'enceinte ou à moins de deux kilomètres des bois et forêts. Sont dispensées toutefois de l'autorisation exigée par les articles 153 et 155 les maisons et usines qui font partie de villes, villages ou hameaux formant une population agglomérée.

Les autorisations exigées par ces différentes dispositions devaient, d'après l'article 177 de l'ordonnance de 1827 pour l'exécution du Code forestier, être accordées par le chef de l'État. Le décret du 25 mars 1852 a donné aux préfets le pouvoir de les délivrer (art. 3, tableau C, 8°).

Ainsi que nous l'avons dit précédemment, le préfet, dans les cas où il est compétent pour autoriser les ateliers dangereux, incommodes ou insalubres, statuera par un même arrêté sur la double demande d'autorisation,

126. — La crainte de la contrebande a déterminé le législateur à imposer la nécessité d'une autorisa-

tion aux manufactures et usines dans le rayon des douanes (voy. art. 41 titre XIII de la loi du 22 août 1791, et art. 1er du décret du 10 brumaire an XIV). L'autorisation devait être autrefois accordée par le gouvernement sur le rapport des préfets et l'avis des directeurs des douanes. Le décret du 25 mars 1852 a encore transféré aux préfets le droit de statuer dans ce cas :

« Le préfet, porte l'article 2, tableau B. § 9, statuera sur l'autorisation des fabriques et ateliers dans le rayon des douanes sur l'avis *conforme* du directeur des douanes. »

Ainsi le préfet ne peut exercer son droit d'autorisation que d'accord avec le directeur des douanes. En cas de dissentiment soit sur la question de savoir si l'autorisation doit être accordée, soit sur les conditions à imposer à celui qui la demande, la décision est réservée au gouvernement.

Dans quelles formes et suivant quelles règles prononcera-t-il ?

Au premier coup d'œil on est tenté de répondre que le droit du préfet cessant, on retombe sous l'empire de la législation antérieure. Cependant il n'en est pas ainsi. La dérogation consacrée par le décret de 1852 est absolue en ce sens qu'elle constitue et organise la compétence dans des conditions toutes nouvelles. Le droit attribué au préfet se trouve, par cela même qu'il est passé dans ses mains, soumis aux principes qui dominent tous les droits dont l'exercice est confié à ce fonctionnaire, et dont le plus important à considérer est celui qui fait du préfet un fonctionnaire subordonné.

L'intention de l'auteur du décret sur la décentralisation de maintenir ce principe ne peut être mise en doute, puisqu'il a pris soin de dire expressément, par son article 6, que *les préfets rendraient compte de leurs actes aux ministres compétents dans les formes et pour les objets déterminés par les instructions que ces ministres leur adresseraient ; et que ceux de ces actes, qui seraient contraires aux lois et réglements ou qui donneraient lieu aux réclamations des parties intéressées pourraient être annulés ou réformés par les ministres compétents.* Il est donc rationnel dans le cas, où il y a nécessité de recourir à une autorité supérieure pour faire trancher le dissentiment entre le préfet et une autre autorité subordonnée, de s'adresser au supérieur commun, qui est ici le ministre des finances.

127. — Une ordonnance du 8 juin 1822 contient la disposition suivante : « Lorsqu'il s'agira de l'établissement d'une nouvelle fabrique de soude, notre directeur général des douanes sera consulté, quelle que soit la classe dans laquelle ces sortes de fabriques auront été rangées soit par le décret du 15 octobre 1810, soit par notre ordonnance du 14 janvier 1815. Aucune permission ne pourra être accordée si la fabrique n'est fermée par un mur d'enceinte à une hauteur suffisante, dans lequel il ne pourra être pratiqué d'autre communication avec l'extérieur que celle de la porte d'entrée. »

Cet article n'exige pas que l'avis du directeur des douanes soit conforme ; et le décret du 25 mars 1852 n'a apporté aucune dérogation à l'ordonnance de 1822. Toutes les fois, par conséquent, qu'il s'agira de l'établissement d'une fabrique de soude, le préfet ou le sous-préfet devra prendre l'avis du directeur des douanes ; mais il ne sera nullement tenu de le suivre, à moins que cette fabrique ne soit située dans le rayon des douanes.

CHAPITRE SEPTIÈME.

Intervention des tribunaux criminels.

128. — La législation spéciale dont les ateliers dangereux, insalubres ou incommodes font l'objet a pour but, nous l'avons démontré, de donner au pouvoir administratif une organisation en rapport avec l'importance des intérêts qu'il a à protéger et la gravité des dangers qu'il a à prévenir. L'autorité administrative est armée par cette législation du droit le plus étendu d'introduire, de permettre, d'ordonner et, au besoin même, de faire exécuter, pour concilier le respect dû à la propriété et la faveur que réclame l'industrie avec les exigences de la commodité, de la salubrité et de la sûreté publiques. Nous avons suivi l'administration dans l'exercice de ce droit, nous avons dit quels sont ses moyens pour prévenir ou faire cesser le mal. Il nous reste à expliquer maintenant comment, en dehors de l'action qui lui est propre, elle trouve un auxiliaire et un appui dans les dispositions de la loi pénale.

129. — Sous l'empire du Code du 3 brumaire an IV on s'emparait, pour trouver une sanction pénale aux réglements et arrêtés en matière d'ateliers régis par le décret de 1810 et l'ordonnance de 1815, des lois des 14 décembre 1789, 24 août 1790 et 22 juillet 1791, qui chargent spécialement les autorités municipales et administratives de surveiller et de régler tout ce qui intéresse la salubrité publique et la commodité des habitants dans les communes ; on soutenait que l'ordonnance du 14 janvier 1815 et le décret du 15 octobre 1810, n'étaient que la conséquence de l'exécution des règles de droit public établies dans ces lois, et on en concluait que les infractions à l'ordonnance et au décret constituaient une atteinte formelle à ces

mêmes lois, et devaient attirer sur les contrevenants l'application des peines de police qu'elles détermi-naient ou que les lois postérieures, sur la même ma-tière, notamment le Code du 3 brumaire an IV, dans ses articles 605 et 606, avaient prononcées. (Voy. arrêt de la cour de cassation du 20 février 1830.)

130. — C'était là, il faut le dire, une doctrine péni-blement déduite et qui témoignait de l'existence, dans la loi pénale, d'une lacune que la disposition intro-duite dans le Code, sous le n° 15 de l'art. 471, par la loi du 28 avril 1832, a précisément eu pour objet de combler.

« Seront punis d'amende depuis un franc, jusqu'à
« cinq francs inclusivement, porte l'art. 471 du Code
« pénal....

« 15° Ceux qui auront contrevenu aux réglements,
« légalement faits par l'autorité administrative, et
« ceux qui ne se seront pas conformés aux réglements
« ou arrêtés publiés par l'autorité municipale, en
« vertu des articles 3 et 4, titre XI de la loi du 16-24
« août 1790, et de l'article 46, titre Ier de la loi du
« 19-22 juillet 1791. »

Il en résulte que les contraventions énumérées par le Code ne sont qu'une partie des contraventions sus-ceptibles d'être déférées aux tribunaux de police, et que non-seulement les réglements de l'autorité muni-cipale, mais encore ceux émanés du pouvoir central ou départemental forment une branche véritable des lois placées sous la sanction des peines de police. Or, le décret du 15 octobre 1810, l'ordonnance du 14 jan-vier 1815, et toutes les ordonnances de classement sont évidemment empreints du caractère de réglements, et les arrêtés que les divers fonctionnaires de l'ordre administratif ont à prendre pour leur application, participent incontestablement de la nature des dispositions générales dont ils sont destinés à procurer l'application, d'où la conséquence que les infractions aux prescriptions tant des réglements généraux que des arrêtés particuliers en matière d'ateliers dangereux, insalubres ou incommodes, doivent être poursuivies et punies à titre de contraventions.

131. — C'est ainsi que le fait de créer et de mettre en activité un établissement classé malgré un refus d'autorisation (Voy. arrêt 28 janvier 1832), ou même simplement sans avoir demandé (Voy. arrêt 20 févr. 1830), ou avant d'avoir obtenu l'autorisation (Voy. arrêt 19 déc. 1835), devrait donner lieu à une condamnation aux peines de police.

C'est ainsi qu'il a été jugé par la cour de cassation qu'il en devait être de même du fait d'exploitation d'un établissement classé, au mépris d'un arrêté de suppression ou de suspension. (Voy. arrêts des 17 janvier 1829 et 14 mai 1830.)

C'est ainsi enfin, que la violation par l'exploitant des conditions stipulées dans l'acte d'autorisation a été considérée comme constitutive d'une contravention du ressort du juge de police. (Voy. arrêt 2 janv. 1829.)

132. — Nous n'avons point à entrer dans le détail des règles qui dominent la juridiction des tribunaux de police. Les contraventions aux réglements et arrêtés touchant les ateliers dangereux, insalubres ou incommodes n'ont rien qui les distingue, sous ce rapport, de l'ensemble des contraventions qui composent le domaine de ces tribunaux. Mais nous vou-

lons arrêter un instant l'attention sur celles de ces règles qui ont trait à la compétence, au point de vue de l'appréciation et de l'interprétation des actes de l'autorité administrative.

« Lorsque les réglements ne sont pas réguliers,
« écrivent les auteurs de la *Théorie du Code pénal*,
« t. VI, p. 404, ils cessent d'être obligatoires, et les
« tribunaux de police ne doivent pas en faire l'appli-
« cation. Ces tribunaux ne doivent donc pas se bor-
« ner à examiner si les contraventions qui leur sont
« déférées sont constantes, ils doivent pousser plus
« loin leurs investigations ; ils doivent examiner si
« l'arrêté dont l'infraction leur est dénoncée n'a point
« excédé les limites du pouvoir administratif ou mu-
« nicipal, s'il ne déroge à aucune disposition de la
« législation. Le droit de l'autorité judiciaire a été
« consacré par un grand nombre d'arrêts de la cour
« de cassation qui tous déclarent : « que l'autorité
« judiciaire a toujours le droit d'examiner si les dis-
« positions réglementaires, qu'elle est appelée à sanc-
« tionner par l'application d'une peine, ont été prises,
« par l'autorité de laquelle elles émanent, dans les
« limites légales de sa compétence (1). »

« Ce droit d'examen est inhérent au pouvoir judi-
« ciaire, mais il doit se circonscrire dans les limites
« posées par la loi ; le juge de police ne peut se ren-
« dre juge de l'utilité, de l'opportunité des mesures
« prises par l'autorité municipale. Pouvoirs indé-

---

(1) Les auteurs cités indiquent à l'appui de cette proposition un grand nombre d'arrêts, et, notamment, ceux des 18 mars 1836, 20 janvier 1837.

« pendants l'un de l'autre, le tribunal de police et le
« maire ne peuvent contrôler leurs actes ; le premier
« seulement doit refuser le concours de la justice,
« toutes les fois que les actes du maire sortent de ses
« attributions ou sont contraires aux lois. »

Cette doctrine que nous avons nous-même érigée
en principe (Voy. *suprà*, t. I, chap. I, nº 71), ne saurait être contestée dans son application aux contraventions qui nous occupent. La difficulté n'est que de
prévoir et déterminer dans quels cas les prescriptions,
dont l'exécution est réclamée, doivent être considérées comme entachées d'illégalité.

133. — Sans entrer, à cet égard, dans l'examen des
conditions auxquelles doivent satisfaire les réglements
et arrêtés, et sans revenir sur les développements
auxquels nous nous sommes livré lorsqu'il s'est agi
de définir et de suivre dans leur exercice les pouvoirs
confiés aux divers agents de l'administration, soit à
un point de vue général, soit au point de vue de la
législation propre aux industries dangereuses, insalubres ou incommodes, nous devons dire que le vice
d'illégalité est flagrant dans tout acte pris en dehors
des attributions légales de l'autorité dont il émane.

134. — Il n'est pas douteux que les pouvoirs de
police attribués aux maires par la loi des 16-24 août
1790 impliquent pour eux le droit et le devoir de
s'opposer soit à ce que des manufactures classées
s'établissent sur le territoire de leur commune sans
être pourvues de l'autorisation exigée, soit à ce qu'elles
fonctionnent en dehors des conditions de leur autorisation. Ainsi, indépendamment des poursuites devant le tribunal de police auxquelles toute exploita-

tion constitutive de contravention expose son auteur,
obéissance est due aux arrêtés particuliers du maire
portant fermeture ou suspension des ateliers dont
l'exploitation est irrégulière.

Mais, en dehors du rappel à l'observation du décret
de 1810 et de l'ordonnance de 1815, le maire est-il,
dans l'exercice de son pouvoir de police, tenu de
s'arrêter devant les établissements autorisés ? L'autorisation exclut-elle toute intervention de la police
municipale dans le régime des industries classées ?

La cour de cassation pose en principe que le pouvoir conféré à l'autorité administrative supérieure
pour la réglementation des ateliers insalubres, ne fait
pas obstacle aux mesures de police à prendre par
l'autorité locale sur les objets dont le réglement lui
est confié, tels que les précautions à prendre pour la
salubrité de la voie publique, pourvu qu'elles n'aient
pas pour effet de modifier les prescriptions de l'autorité supérieure (Cass. crim. 30 mars 1861, Bourneuf);
et elle décide par exemple, comme application de ce
principe, qu'un industriel ne peut invoquer le fait de
l'autorisation de sa manufacture pour se soustraire
à des prescriptions locales relatives au mode d'établissement des lieux d'aisances dans les maisons d'habitation. (Cass. crim. 15 mars 1861, min. publ.)

La cour de cassation ne s'est pas arrêtée là ; elle
dit dans un arrêt du 1er août 1862 (Cass. ch. crim.,
Renard-Robert), « qu'en chargeant l'administration
« supérieure d'autoriser la formation des établisse-
« ments dangereux, insalubres ou incommodes qu'il
« régit, de déterminer les conditions de leur exis-

« tence, le mode de leur exploitation et leur régime
« intérieur, le décret impérial du 15 octobre 1810 n'a
« nullement restreint le pouvoir attribué à l'autorité
« municipale par la loi des 16-24 août 1790, de pré-
« venir, par les mesures de police qu'elle juge devoir
« édicter, sauf la réformation par cette même admi-
« nistration s'il y a lieu (art. 46, tit. Ier, de la loi des
« 19-22 juillet 1791), les dangers que leur exploita-
« tion peut présenter pour la sûreté publique ; qu'il
« suffit que ces mesures, pour qu'elles soient obli-
« gatoires tant qu'elles n'ont pas été réformées,
« n'apportent aucun empêchement réel à la libre et
« entière exploitation de l'usine qui les rend néces-
« saires. » A notre avis, c'est aller trop loin. Nous ne
voyons pas, du moment que le maire est admis à
entrer dans l'usine et à en modifier le régime, où sera
la limite entre ses pouvoirs et ceux de l'autorité
chargée de la réglementation des ateliers insalubres.
Est-ce que le but du législateur de 1810 et de 1815
n'a pas été de substituer l'autorité supérieure à l'autorité locale pour la police de l'établissement en tant
qu'atelier insalubre, et à quel titre le maire peut-il
venir modifier, ne fût-ce que pour la compléter, une
autorisation qui ne saurait émaner de lui ? Le tribunal
déclare qu'il ne sanctionnera que celles de ses dispositions qui ne constitueront pas un empêchement réel
à l'exploitation et il se réserve de les apprécier à ce
point de vue ! Mais le juge lui-même où prendra-t-il
un droit d'appréciation dont l'exercice implique nécessairement une intervention dans le pouvoir réglementaire ?

Un arrêt du 7 février 1863 (Blanchard) nous semble, d'ailleurs, faire retour sur la doctrine de celui de 1862 et n'autoriser de la part du maire que des mesures générales ; on y lit : « Attendu que le pouvoir que « l'autorité supérieure tient du décret du 15 oct. 1810 « d'autoriser et de réglementer les établissements « insalubres dans leur mode d'exploitation, selon « leur nature, ne saurait faire obstacle au droit de « l'autorité municipale de prendre les *mesures géné-* « *rales* nécessaires pour assurer la propreté et la « salubrité de la voie publique et de ses dépendances, « et d'y assujettir les propriétaires des établisse- « ments insalubres comme tous les autres habitants ; « attendu que par suite si la tannerie du sieur Blan- « chard ne relevait que de l'autorité préfectorale « comme établissement insalubre, elle ne cessait pas « pour cela d'être soumise, *comme habitation*, aux « prescriptions des arrêtés municipaux, etc. »

En dehors de la nomenclature et pour les industries que le gouvernement ou le chef de l'administration dans le département n'a pas cru devoir classer ou assimiler aux industries classées, la question est bien plus simple, on se trouve en présence des lois des 14 décembre 1789 et 16-24 août 1790, qui chargent l'autorité municipale de pourvoir à la police et, spécialement, d'assurer la salubrité publique, et on ne saurait dénier au maire le droit de prendre les mesures que lui paraissent commander les intérêts qui lui sont confiés.

C'est ce que la cour de cassation a jugé par un arrêt du 21 décembre 1848, ainsi conçu :

« La cour, sur le moyen de cassation pris de ce

« que le jugement attaqué a méconnu les droits de
« l'autorité municipale, en refusant la force exécu-
« toire à un arrêté du maire de Lons-le-Saulnier, qui
« avait prescrit au défendeur de transporter hors de la
« ville un dépôt d'os répandant une odeur insalubre ;
 « Vu les art. 50, loi du 14 déc. 1789 ; 3, n° 5,
« tit. XI, loi des 16-24 août 1790, et 46, tit. I, loi des
« 19-22 juillet 1791, aux termes desquels les maires
« sont chargés de faire jouir les habitants d'une
« bonne police, et spécialement d'assurer la salu-
« brité publique, de prévenir les épidémies, etc., et
« de prendre des arrêtés prescrivant des précautions
« locales sur ces objets ; — Vu aussi l'art. 471, n° 15,
« C. pén. ;
 « Attendu, en fait, que Joseph Rendu, marchand
« de chiffons à Lons-le-Saulnier, ajoute à son com-
« merce la vente des os, industrie non classée ; que
« le maire de la ville, sur la réclamation du voisinage,
« lui enjoignit, par arrêté du 11 août 1847, de trans-
« porter hors de la ville son dépôt d'os qui répandait
« une odeur putride, et présentait des dangers pour
« la salubrité publique ;
 « Attendu, en droit, que les règles tracées par le
« décret du 15 octobre 1810 pour le classement et
« l'autorisation des manufactures et ateliers qui ré-
« pandent une odeur insalubre ou incommode, et le
« pouvoir conféré aux préfets par l'art. 5 de l'ordon-
« nance du 15 janvier 1815 de faire suspendre la for-
« mation ou l'exploitation des établissements nou-
« veaux qui, n'ayant pu être compris dans la nomen-
« clature jointe à cette ordonnance, seraient, cepen-
« dant, de nature à y être placés, ne sont point

« exclusifs du droit général de police confié à l'auto-
« rité municipale par les lois précitées, et ne s'opposent
« point à ce qu'un maire ordonne, par mesure de
« police dans le cas dudit art. 5, le déplacement d'un
« dépôt de matières ou d'objets, tels que des os,
« quand ils répandent une odeur putride qui présente
« des dangers pour la salubrité publique ;

« Attendu que le jugement attaqué, en refusant la
« force obligatoire à un arrêté de police du maire de
« Lons-le-Saulnier, pris dans ces circonstances, a
« violé les articles précités des lois des 14 déc. 1789,
« 24 août 1790 et 22 juillet 1791 ; et par suite,
« l'art. 471, n° 15, C. pén.;

« Casse le jugement du tribunal correctionnel de
« Lons-le-Saulnier, du 27 septembre dernier... »

135. — La doctrine de cet arrêt est vivement cri-
tiquée par l'auteur du *Traité des établissements industriels.* (Voy. t. I, p. 223.) « L'arrêt, écrit-il, expose
« dans son motif fondamental, que le décret du 15 oc-
« tobre 1810, et l'ordonnance du 14 janvier 1815 *ne*
« *sont pas exclusifs* du droit général de police confié à
« l'autorité municipale par les lois de 1790 et de 1791.
« C'est là une grave erreur à notre sens ; et c'est pré-
« cisément parce que ces lois étaient non seulement
« insuffisantes, mais encore funestes à l'industrie,
« qu'on a dû créer un corps spécial de réglements.
« Ces lois ont été remplacées par les dispositions ré-
« glementaires de 1810 et 1815 auxquelles tout le
« monde, la cour de cassation elle-même, accorde
« force de lois. L'art. 5 de l'ordonnance du 14 jan-
« vier 1815, détermine une compétence spéciale et
« limitative quant à ce ; vouloir au delà, c'est, nous

« le croyons bien, *effacer d'un seul trait toute la législa-*
« *tion spéciale qui régit les industries dangereuses et insa-*
« *lubres,* c'est faire revivre le despotisme municipal
« et judiciaire, avec ses variations de temps et de
« lieux, ses préventions ou ses illusions, c'est aller
« directement contre le but du décret de 1810 et de
« l'ordonnance réglementaire de 1815. »

Mais c'est là, ce nous semble, se méprendre sur la portée de la doctrine de la cour dans les limites que lui assigne l'arrêt. Le pouvoir du maire ne s'applique ni aux industries classées, ni même aux industries à l'égard desquelles le préfet a cru devoir user du droit qu'il tient de l'art. 5 de l'ordonnance de 1815. Or, c'est précisément le classement qui étend la protection partout où elle est nécessaire, c'est le classement qui enlève les industries pour lesquelles ce qu'on appelle le despotisme municipal et judiciaire serait à redouter, à l'empire du droit commun en matière de police. Le pouvoir municipal ne conserve d'action que sur les industries que le gouvernement ou le préfet lui abandonne. L'exercice de ce pouvoir n'a donc en principe rien d'inconciliable avec la législation spéciale. L'inertie dont on voudrait le frapper aurait d'ailleurs, cet étrange résultat de constituer un véritable privilége au profit des industries qui ne seraient pas assez importantes ou ne comporteraient pas d'inconvénients assez graves pour attirer l'attention de l'administration supérieure. Ces industries échapperaient tout à la fois à la police générale et à la police locale, et l'intérêt public se trouverait complétement désarmé vis-à-vis d'elles ; peut-on admettre que telle ait été la volonté du législateur ?

Tout ce qu'on peut demander, d'ailleurs, dans l'ordre des considérations que l'on tire de l'esprit et du but de la législation spéciale, c'est que le maire ne puisse pas se substituer au préfet et prendre, même à l'égard des établissements laissés en dehors de la nomenclature, des mesures de la nature de celles que le décret de 1810 et l'ordonnance de 1815 prévoient et autorisent, mais qu'ils réservent à l'autorité préfectorale. Or, cette distinction, que l'arrêt que nous venons de reproduire ne préjuge en aucune manière, puisque l'injonction dont il a proclamé la légalité n'allait pas jusqu'à altérer les conditions d'existence de l'industrie frappée, la cour de cassation l'a, en effet, consacrée. Le principe en est posé dans un arrêt du 1er mars 1842, ainsi conçu : « La cour, attendu que « les ateliers des chaudronniers et des ferblantiers « ne sont point compris dans la nomenclature des « établissements que concerne le décret du 15 octo- « bre 1810, et que l'art. 5 de l'ordonnance du roi, en « date du 14 janvier 1815, n'accorde qu'aux préfets « le droit de faire suspendre la formation ou l'exer- « cice des établissements nouveaux, qui, quoiqu'ils « ne figurent pas dans cette nomenclature, leur pa- « raissent de nature à y être placés ; que le maire de « Nîmes, peut, sans doute, en vertu du pouvoir dont « l'autorité municipale est investie par le n° 2 de « l'art. 3 du tit. XI de la loi des 16-24 août 1790, « fixer le temps pendant lequel tous ceux qui exer- « cent des professions à marteau dans cette ville, « seront tenus d'interrompre leurs travaux, afin de « ne pas troubler la tranquillité des habitants ; mais « qu'aucune loi ne lui confère le droit de déterminer

« les lieux dans lesquels l'exercice de ces professions
« devra seulement être autorisé ; qu'en déclarant
« donc que l'arrêté qu'il a pris à ce sujet ne saurait
« obtenir la sanction pénale du n° 15 de l'art. 471,
« C. pén., le jugement dénoncé n'a fait que se con-
« former à cette disposition, rejette. » Et un arrêt,
beaucoup plus récent, du 25 novembre 1853, a repris
le principe et l'a confirmé et développé en ces termes :
« La cour, vu le décret du 15 oct. 1810, et les ordon-
« nances des 14 janv. 1815 et 9 févr. 1825, sur les éta-
« blissements insalubres, incommodes ou dangereux ;
« vu l'arrêté du maire de Tarascon, en date du 25 avril
« 1852, dont l'art. 3 est ainsi conçu : Ceux de ces mou-
« lins (moulins à vent) qui sont situés à moins de dix
« mètres d'une voie publique, comptés de l'arête ex-
« térieure du fossé, ne pourront être mis en mouve-
« ment que pendant certaines heures de la journée,
« savoir : du 1er avril au 1er septembre, de cinq heures
« du soir à sept heures du matin ; du 1er septembre
« au 1er avril, de trois heures du soir à neuf heures
« du matin ;
« Attendu que les pouvoirs généraux de police et
« de sûreté que l'autorité municipale tient des lois
« des 24 août 1790 et 29 juillet 1791, ne sauraient s'é-
« tendre aux matières qui font l'objet de lois spé-
« ciales ou de réglements généraux ;
« Attendu que le décret du 15 oct. 1810 et l'ordon-
« nance du 14 janvier 1815 et du 9 février 1825, sur
« les établissements insalubres, incommodes ou dan-
« gereux, ont pour but de déterminer les conditions
« d'existence et d'action de ces établissements ; que
« les moulins à vent doivent être rangés parmi les

« usines de cette nature, si leur situation présente
« quelque danger pour la sûreté et commodité des ha-
« bitants ;

« Attendu qu'il appartient seulement aux préfets
« ou à l'autorité administrative de statuer par des ré-
« glements pris selon les distinctions indiquées dans
« les lois et ordonnances ci-dessus visées, sur le lieu
« où peuvent être formés les établissements qui en
« font l'objet et sur les restrictions dont l'industrie
« qu'ils comportent est susceptible, dans l'intérêt de
« la sûreté, de la salubrité ou de la commodité pu-
« blique ;

« Attendu que si des mesures spéciales de police
« peuvent être prises à l'égard des établissements
« dont il s'agit, elles ne sont obligatoires et légales
« qu'autant qu'elles n'empiètent pas sur le pouvoir
« confié à l'autorité supérieure par les décrets et or-
« donnances précités, qu'elles n'ont pas, conséquem-
« ment, pour objet de régler le lieu où peuvent être
« formés les établissements, de modifier ou d'altérer
« les conditions d'existence de l'industrie des pro-
« priétaires ;

« Attendu que l'arrêté du maire de Tarascon, du
« 25 avril 1852, en réglant les heures du travail des
« moulins à vent, modifiait et altérait les conditions
« nécessaires d'action de cette industrie ;

« Attendu que si cet arrêté a été approuvé par le
« préfet, cette approbation, à raison de la nature de
« l'acte et de ses formes, ne constituait pas de la part
« de ce magistrat, l'exercice du pouvoir conféré par
« l'ordonnance du 14 janvier 1815 ;

« Attendu, dès lors, que cet arrêté du maire avait

« été pris en dehors des limites de l'autorité munici-
« pale ;

« Attendu que Mourret était prévenu d'avoir fait
« mouvoir son moulin à une heure prohibée par cet
« arrêté ;

. « Attendu que le jugement attaqué, en relaxant
« Mourret des poursuites dirigées contre lui à raison
« de ce fait, en se fondant sur le caractère inobliga-
« toire de l'arrêté pour les tribunaux, n'a violé au-
« cune loi, rejette, etc. »

Cette jurisprudence, il est vrai, ne trace point une
ligne de démarcation bien nette entre ce que l'autorité municipale a conservé et ce qui en a été détaché
pour constituer les attributions des préfets. Mais il
suffira toujours d'en appeler à la cour de cassation
pour avoir raison des mesures excessives auxquelles
les maires pourraient se laisser entraîner, et faire respecter les droits de l'industrie.

136. — La légalité de l'acte émané de l'autorité
préposée à la police des établissements dangereux ou
incommodes étant reconnue, le juge n'a plus qu'à
l'appliquer.

Pour les dispositions qui participent du caractère
des réglements, nous avons dit ailleurs comment il
est procédé à *l'application*. (Voy. *suprà*, tit. I, ch. I,
n° 70.) Les principes ne sont pas autres pour l'application du décret de 1810, de l'ordonnance de 1815 et
des nomenclatures de classement. Un fabricant, poursuivi pour avoir exploité sans autorisation, soutient-
il que son établissement n'est rangé dans aucune des
trois classes instituées par le décret de 1810, et qu'il
n'était pas soumis à l'obligation de se munir d'une

autorisation préalable ; le droit et le devoir du juge
est d'apprécier le moyen de défense, car cette appréciation n'implique qu'une application des réglements.
(Voy. cass. ch. crim. 14 oct. 1833 ; — 4 février 1858 ;
— 17 décembre 1864.

137. — En serait-il de même si le fabricant oppo-
sait que la création de son établissement remonte au-
delà de 1810 et se retranchait ainsi à l'abri de l'exception consacrée par l'art. 11 du décret de 1810 ; ou
s'il s'agissait de savoir si un établissement originairement autorisé a ou non perdu, aux termes de l'art. 13
du décret, le bénéfice de l'autorisation par une interruption de six mois dans ses travaux ?

Il semble, au premier coup d'œil, que, dans les
deux cas, le débat ne porterait que sur un point de
fait à vérifier et constater dans ses rapports avec une
disposition claire et précise du décret de 1810 ; et que
rien dans cette vérification et cette constatation, n'ex-
céderait la compétence du juge chargé d'*appliquer* le
décret. La cour de cassation en avait décidé ainsi, dans
un arrêt à la date du 14 février 1839.

Cependant, elle n'a pas tardé à revenir sur cette jurisprudence et à se prononcer en sens contraire par
deux arrêts de cassation.

Le premier, du 30 avril 1841, est conçu en ces
termes :

« La cour..., attendu que, d'après les dispositions
« du décret du 15 octobre 1810, tout ce qui concerne
« l'établissement, la conservation ou la suppression
« des manufactures et ateliers qui répandent une
« odeur insalubre ou incommode, appartient à l'au-
« torité administrative ; que par suite de ce principe,

« lorsque le prévenu, poursuivi comme ayant ex-
« ploité un établissement de cette espèce sans y être
« autorisé, soutient, pour sa défense, qu'il a une au-
« torisation, soit expresse, en exécution de l'art. 1er
« de ce décret, soit tacite, en vertu de la disposition
« de son art. 11, les tribunaux ne peuvent décider
« cette question et doivent surseoir jusqu'à ce que
« l'autorité compétente ait statué sur l'exception.
« Qu'il en est de même lorsque le point controversé
« entre les parties, est de savoir si l'établissement
« originairement autorisé, a perdu son privilége par
« une interruption de six mois dans ses travaux, con-
« formément à l'art. 13 du décret ; que dans l'espèce, le
« tribunal de police de Gardanne, se fondant sur ledit
« art. 13, a décidé que les demandeurs avaient perdu
« par une interruption de plus de six mois dans les
« travaux de leur fabrique d'acide sulfurique et de
« soude artificielle, le droit de continuer à l'exploiter
« de la même manière qu'elle l'était auparavant; qu'en
« jugeant ainsi et en prononçant par suite, contre eux
« les peines de l'art. 471, n° 15, Code pén., et la fer-
« meture d'une partie de leurs ateliers, ledit tribunal
« a commis un excès de pouvoir, violé les règles de
« compétence et faussement appliqué ledit art. 471,
« n° 15, Code pén. ; casse, etc. »

Le second, rendu le 3 octobre 1845, n'est pas moins
explicite ; on y lit :

« La cour...., attendu qu'aux termes du décret
« précité (celui du 16 oct. 1810), tout ce qui concerne
« l'établissement, la conservation ou la suppression
« des manufactures ou ateliers qui répandent une
« odeur insalubre ou incommode, appartient à l'auto-

« rité administrative ; qu'il suit de ce principe, que
« si le prévenu, lorsqu'il est poursuivi pour avoir illé-
« galement exploité un établissement de cette espèce,
« soutient qu'il a une autorisation, soit expresse, en
« exécution de l'art. 1er dudit décret, soit tacite, en
« vertu de l'art. 11, les tribunaux ne peuvent décider
« cette question préjudicielle, et doivent, dès lors,
« surseoir à prononcer jusqu'à ce que l'autorité ad-
« ministrative l'ait résolue ;

« Et attendu, dans l'espèce, qu'André, Desjardin
« et Bertrand ont formellement devant le tribunal de
« simple police d'Ingouville : 1° allégué que l'exis-
« tence de l'établissement dont il s'agit, et qui est,
« selon leur dire, exclusivement consacré à un dépôt
« permanent de fumiers, immondices et poudrettes,
« serait antérieur à la publication du décret du 15 oc-
« tobre 1810 ; 2° demandé un sursis, à l'effet de faire
« constater et déclarer ce fait par l'administration ;
« que le jugement dénoncé devait, par suite, super-
« céder à statuer sur la poursuite, quoique l'officier
« du ministère public eût reconnu en première in-
« stance que cet établissement existait déjà lors dudit
« décret, cet officier étant sans caractère et sans qua-
« lité à cet égard ;

« Qu'en se fondant donc sur cette prétendue recon-
« naissance pour juger le fond, et décharger les pré-
« venus des condamnations qui avaient été pronon-
« cées contre eux par le tribunal de simple police, le
« tribunal correctionnel du Havre a faussement ap-
« pliqué l'art. 11 du décret sus-rappelé, et commis
« une violation expresse tant de l'art. 1er de ce

« même décret que des règles de la compétence ;
« casse, etc. (1). »

La cour de cassation s'est inspirée de l'esprit qui a dicté le décret de 1810 et l'ordonnance de 1815, elle a compris que la pensée de cette législation spéciale était de subordonner l'existence et l'exploitation de tout atelier classé comme dangereux ou incommode aux exigences de police, et, à cet effet, de constituer l'autorité administrative maîtresse absolue de permettre, autoriser ou interdire, et elle s'est fait un devoir de défendre aux tribunaux de connaître de toute question dont la solution pouvait être de nature à préjuger, et, par suite, à gêner l'exercice du droit d'autorisation. Dès qu'il est constaté et déclaré par le juge qu'un établissement rentre dans la nomenclature des ateliers classés ou qu'il a été régulièrement assimilé à ces ateliers, le débat, dans tout ce qui a trait à la question de savoir s'il y a eu autorisation ou si le fabricant n'était pas dans les conditions voulues pour être dispensé de la demander ou de la faire renouveler, est de la compétence exclusive de l'autorité appelée à statuer sur les demandes d'autorisation. C'est le principe que nous retrouverons et que nous invoquerons, tout à l'heure, pour réserver à l'administration le droit d'apprécier et de décider si les propriétaires d'établissements autorisés remplissent les conditions qui leur ont été imposées, et maintiennent leur exploitation dans les termes et les limites de l'autorisa-

______

(1) Cette jurisprudence se trouve confirmée par des arrêts plus récents des 9 nov. 1860 (cass. crim., Couvreur) et 17 juillet 1863, (Cass. Crim., Fleury.)

tion. Il ne faut pas que, par le moyen d'une action engagée devant les tribunaux, on puisse jamais parvenir à éluder le contrôle et le pouvoir souverain de l'administration en ces matières.

138. — Quant à l'application à faire de l'acte d'autorisation lorsqu'il est représenté, nous nous retrouvons, comme pour les dispositions réglementaires, en présence des règles établies pour les actes administratifs en général. Le tribunal saisi de la contravention peut et doit appliquer l'acte dans ce qu'il a de clair et de précis, mais s'il y a contestation sur le sens ou les effets de l'arrêté, il est tenu de surseoir afin de laisser aux parties le temps et le soin de se retirer devant l'autorité administrative pour faire interpréter ou apprécier l'acte d'autorisation.

Un arrêté du sous-préfet de Milhau avait autorisé un sieur Sabde à établir dans cette ville une fabrique de cierges.

Le sieur Sabde employa, pour sa fabrication, une composition dont le galipot et le suif formaient la principale base ; et comme ces matières exhalaient une odeur incommode pour le voisinage, on porta plainte au commissaire de police.

Le sieur Sabde, traduit devant le tribunal de simple police, dit pour sa défense, qu'il n'employait pas d'autres matières que celles employées par tous les fabricants de cierges, et qu'en cela il n'était point sorti des prévisions de l'arrêté d'autorisation.

Le tribunal crut pouvoir déclarer en fait que la fabrication réelle et effective du sieur Sabde ne consistait pas à faire des cierges, puisqu'il ne s'y trouvait pas de cire, mais bien une substance composée de galipot et de suif durci au moyen de l'alun, et, en conséquence, le condamner à l'amende, et lui interdire de continuer son exploitation.

Sur l'appel de ce jugement, le préfet fit proposer un déclinatoire, et, après avoir vu rejeter ce déclinatoire, éleva le conflit. On lisait dans les motifs à l'appui de l'arrêté de conflit :

« Le sieur Sabde reconnaît lui-même qu'il emploie
« le suif et le galipot pour la fabrication des cierges,
« mais il se prétend suffisamment autorisé à la mani-
« pulation de ces matières par l'arrêté d'autorisation.
« Ainsi, il y a contestation sur le sens et les effets de
« cet arrêté. En déclarant que la permission d'em-
« ployer le suif et le galipot manque, en fait, au sieur
« Sabde, le tribunal de Milhau s'est livré à l'interpré-
« tation d'un acte administratif, dont la portée, l'éten-
« due et les conséquences ne peuvent être expliquées
« que par l'autorité administrative. Il y a donc là une
« question préjudicielle à juger par l'administration,
« et, par conséquent, le tribunal ne pourrait con-
« naître, dans tous les cas, de la contravention repro-
« chée au sieur Sabde qu'après que cette question
« aurait été jugée. »

Le conflit a été confirmé par une ordonnance, à la date du 12 avril 1844, dont le motif est : « que, par
« un arrêté du sous-préfet de l'arrondissement de
« Milhau, le sieur Basile Sabde a été autorisé à éta-
« blir une fabrique de cierges, comprise dans la troi-
« sième classe des ateliers dangereux, insalubres et
« incommodes, et que, aux termes du décret du 15
« octobre 1810, et de l'ordonnance royale du 14 jan-

« vier 1815, c'est à l'autorité administrative qu'il
« appartient d'apprécier les réclamations qui peuvent
« s'élever quant à l'inexécution des conditions impo-
« sées à cet établissement par l'acte d'autorisation. »

La doctrine contraire paraît, il est vrai, avoir été
consacrée par deux arrêts l'un du 16 décembre 1859
(Cass. — Crim. Blanc et Blain), l'autre du 20 novembre 1863 (id. Garnier). Mais il nous semble difficile de
concilier le principe admis pour ces arrêts avec la jurisprudence relative aux établissements antérieurs
au décret de 1810, que nous avons rapportée au n°
précédent.

139. — La peine à prononcer pour les infractions
est celle déterminée par les dispositions des art. 465
et 471, Code pén.

140. — Les règles relatives à la prescription sont
également celles communes à toutes les contraventions.

Il importe, toutefois, de remarquer, au point de vue
de la prescription de l'action publique et de l'action
civile, que l'infraction aux dispositions des réglements et arrêtés, en matière d'ateliers insalubres ou
incommodes, participe, le plus ordinairement, du caractère des faits que les auteurs et la jurisprudence
ont qualifiés de *successifs*, pour exprimer que le propre
de ces faits est, chaque fois qu'ils se reproduisent, de
constituer un crime, un délit ou une contravention
qui appelle une instruction et une punition nouvelles.

Pour le fabricant poursuivi à raison de l'illégalité
de l'exploitation d'un établissement compris dans la
nomenclature ou assimilé aux ateliers qui y sont por-

tés, il est bien certain que la contravention se reproduit et se perpétue par chaque fait d'exploitation.

D'où la conséquence que le temps écoulé avant qu'on ait songé à poursuivre ne saurait être invoqué à titre de prescription (1).

Cette doctrine est consacrée dans deux arrêts de cassation des 19 août 1836 et 21 février 1845. Voici le premier, qui est le plus explicite :

« La cour, vu les art. 50 de la loi du 14 déc. 1789 ;
« 3, n° 5, tit. XI de la loi du 16-24 août 1790, et 46,
« tit. I de celle des 19-22 juillet 1791 ; les art. 1er,
« 2 et 9 du décret du 15 oct. 1810 ; l'ordonnance du
« roi en date du 14 janvier 1815 ; ensemble les art.
« 471, n° 15, Code pén., et 161, C. inst. crim. ;
« Attendu, en droit, 1° qu'un établissement qui ré-
« pand une odeur insalubre ou incommode ne peut
« être formé, ni conséquemment mis en activité, tant
« qu'il n'a pas été préalablement autorisé par l'admi-
« nistration et qu'il ne suffit point, pour l'exploiter,
« sans contrevenir à cet article, d'avoir demandé
« l'autorisation par lui exigée ; attendu, 2° qu'en ce
« qui concerne la salubrité publique, la contraven-
« tion aux décret et ordonnance précités, résulte
« moins de la formation ou de l'existence non auto-
« risée de l'établissement que de *son exploitation*; que
« celle-ci constitue donc, chaque fois qu'elle se re-

---

(1) D'où la conséquence encore, que le jugement qui, sur une première poursuite, aurait déclaré n'y avoir lieu à condamnation, ne ferait pas obstacle à une poursuite et à une condamnation ultérieure, si l'exploitation se continuait. (Voy. en ce sens, un arrêt de cassation du 28 janvier 1832, et un autre arrêt du 17 décembre 1864 — Priou.)

« nouvelle, au mépris de ces réglements d'intérêt
« général, un fait nouveau dont la poursuite doit en-
« traîner la répression ;

« Et attendu, en fait, que le prévenu est poursuivi
« pour avoir continué d'exercer sa profession de tein-
« turier-dégraisseur, encore bien qu'il eût été sommé,
« le 7 juillet dernier, de se pourvoir de l'autorisation
« exigée et de chauffer ses fourneaux avec du charbon
« de terre ; que la circonstance d'avoir demandé cette
« autorisation ne saurait le soustraire à l'application
« des peines par lui encourues; d'où il suit qu'en le
« relaxant de l'action du ministère public, parce qu'il
« exerce sa profession depuis sept ans, sans opposi-
« tion, et que le maire lui accorda, le 16 mars 1832,
« la permission de faire poser son enseigne, le juge-
« ment dénoncé a faussement appliqué les art. 640 et
« 159, Code instr. crim., et commis une violation
« expresse des dispositions ci-dessus visées ;

« En conséquence, casse le jugement du tribunal
« de simple police d'Orléans, du 23 juillet dernier. »

141. — Aux termes de l'art. 161 du Code d'instruction criminelle, le tribunal qui prononce la peine
est tenu de statuer par le même jugement sur les
demandes en dommages-intérêts. Ces demandes dont
le juge criminel ne connaît que par dérogation à la
compétence du juge civil, ont pour objet de procurer
la cessation et, s'il y a lieu, la compensation pour le
passé d'un préjudice et, par conséquent, de faire
obtenir une *réparation civile*, tandis que l'action à fin
d'application de la peine, ne tend qu'à faire obtenir
à la société une *réparation morale*.

142. — La jurisprudence imprime à l'interdiction

de continuer l'exploitation constitutive de contravention, le caractère de *réparation civile*; mais elle décide, en même temps, que du moment qu'elle a été demandée, elle doit être prononcée à peine de nullité du jugement. « Attendu, lit-on dans un arrêt du « 10 avril 1830, que, suivant l'art. 161 Code instr. « crim., les tribunaux de simple police ne peuvent « s'empêcher, par le même jugement qui inflige la « peine encourue, de statuer sur les demandes en « dommages-intérêts; que, dans l'espèce, celui de « Soissons devait enjoindre au prévenu de discon- « tinuer immédiatement sa fabrication de fécule de « pommes de terre, jusqu'à ce qu'il eût obtenu l'au- « torisation exigée par l'art. 3 de l'ordonnance du « 9 février 1825;

« Attendu que le ministère public avait pris des « conclusions formelles sur ce point, et que le juge- « ment attaqué, en déclarant qu'il n'y avait lieu d'y « faire droit pour le moment, et en se bornant à « prescrire au contrevenant de se pourvoir de cette « autorisation, dans le plus court délai possible, a « violé ledit article 161 Code instr. crim. et l'art. 3 de « l'ordonnance précitée, en date du 6 février 1825, « casse le jugement rendu par le tribunal de police « de Soissons, le 11 mars dernier. »

143. — M. Avisse, qui rapporte aussi cet arrêt, se demande si le tribunal pourrait ne pas se contenter d'interdire l'exploitation et aller jusqu'à ordonner la *démolition*, et se refuse à concéder ce pouvoir en dehors des cas prévus et réglés par des dispositions spéciales (1). Sa raison déterminante est que la con-

(1) Voy. notamment l'art. 151 et les suivants du Code forestier.

travention, ainsi que le dit la cour de cassation elle-même, consiste bien moins dans la construction non autorisée d'un établissement insalubre ou dangereux que dans son exploitation. Ajoutons qu'ordonner la démolition, ce serait très-réellement, bien qu'indirectement, empiéter sur le domaine de l'autorité administrative. La mission du juge de police est de réprimer et d'empêcher toute infraction à l'obligation de se munir d'une autorisation, mais il ne lui appartient nullement de s'immiscer dans l'exercice de la faculté d'autoriser; et il doit s'interdire les appréciations et décisions dont l'effet serait de préjuger et d'entraver l'exercice de cette faculté pour l'avenir.

144.— Ce principe n'exclut pas seulement pour lui le pouvoir d'ordonner une *démolition* qui ne permettrait plus au contrevenant de faire régulariser sa position, au mépris de la demande en autorisation dont l'administration était peut-être saisie au moment de la poursuite, ou au mépris du droit qu'elle a toujours d'autoriser, aux conditions qu'elle détermine, l'exploitation d'un établissement nouvellement créé ou en chômage depuis plus de six mois ; il exclut également le pouvoir d'ordonner les prescriptions et restrictions qui paraîtraient de nature à remédier aux inconvénients de l'exploitation dénoncée et condamnée. Ce pouvoir n'est donné au juge que dans les questions de dommages-intérêts portées devant les juridictions civiles. C'est au surplus ce que nous expliquerons au cours de l'article suivant.

145. — Dans l'étude de l'application de la sanction pénale aux réglements et arrêtés concernant les

ateliers dangereux, insalubres ou incommodes, nous n'avons eu en vue que les dispositions générales de ces actes, de même que nous n'avons prévu que les simples infractions à leurs prescriptions. Mais nous avons à faire remarquer en terminant, que les prescriptions des réglements et arrêtés doivent souvent se combiner avec des dispositions de lois spéciales; que le Code forestier, par exemple, soumet à des restrictions toutes particulières certains établissements classés, notamment les fours à chaux; et que souvent aussi les infractions aux prescriptions de ces mêmes réglements et arrêtés empruntent aux circonstances accessoires un caractère de gravité qui peut transformer les contraventions en délits ou même en crimes. Ce sont autant de prévisions que nous avons cru devoir écarter comme étrangères à notre sujet : il nous suffit de les indiquer et de dire que les difficultés qui s'y rapportent, tombent sous l'application des règles ordinaires du droit pénal.

CHAPITRE HUITIÈME.

De l'intervention des tribunaux civils.

146. — On a vu dans l'article précédent, que le préjudice causé aux tiers par les infractions aux lois et règlements sur les ateliers dangereux, insalubres ou incommodes, donnait naissance à une action en réparation. Cette action qui, en raison de son objet, est essentiellement une action civile, ne peut être portée devant le juge criminel que dans le cas où elle vient se joindre à l'action publique, dans une poursuite en contravention ; et ce juge n'est, lui-même, autorisé, par l'art. 161 C. instr. crim., à statuer sur les réparations civiles qu'autant que le prévenu est convaincu de contravention, et seulement par le même jugement qui prononce la peine. (Voy. Arrêté 4 déc. 1840.) Il ne faut donc pas croire que l'action civile soit subordonnée, dans son existence, à la criminalité du fait dont on a eu à souffrir. L'action civile est ouverte pour tout préjudice résultant d'une irrégularité dans l'exploitation d'un établissement classé ou légalement assimilé aux établissements classés. On en saisit les tribunaux civils, sans avoir même à se demander quel peut être le caractère du fait, au point de vue de la répression par voie pénale.

147. — L'autorisation émanée de l'autorité administrative ne fait obstacle à la compétence de ces tribunaux qu'en ce sens qu'ils sont tenus d'en respecter scrupuleusement les dispositions. Leur pouvoir va jusqu'à prononcer, indépendamment des dommages-intérêts pour le passé, l'interdiction des faits préjudiciables à la partie qui a intenté l'action. Nous ne voyons même pas ce qu'on pourrait dire contre le jugement qui ordonnerait, à titre de réparation, la démolition de travaux *indûment* exécutés. La décision du juge sous ce double rapport ne serait entachée d'excès de pouvoirs que si elle devait avoir pour effet d'altérer la position faite au fabricant par l'acte d'autorisation.

148. — Mais l'acte d'autorisation, lui-même, constitue-t-il pour celui qui l'a obtenu, un titre dont il puisse se prévaloir envers et contre tous? Suffit-il à l'industriel d'établir, pour couper court à toute réclamation de la part des tiers, qu'il n'est pas sorti des limites et conditions de son acte d'autorisation?

Cette question, si générale qu'elle soit, ne peut cependant porter sur des droits qui, par leur nature même, ont dû rester étrangers à l'examen et à l'appréciation du ressort de l'autorité administrative. Il est de toute évidence que les droits de propriété ou de servitude sur l'emplacement désigné pour un établissement ne sont, en aucune façon, préjugés par l'arrêté qui l'autorise, et que les difficultés que le fabricant est exposé à rencontrer à ce point de vue, ne peuvent être résolues que par application des règles et titres du droit commun.

149. — La question posée n'a trait qu'aux plaintes des tiers lésés par l'exercice d'une industrie autorisée ; il s'agit de savoir s'ils ont ou non une action en dommages-intérêts, pour le préjudice que leur cause l'établissement, en dehors de tout fait d'irrégularité dans son exploitation.

Il est dit dans l'art. 11 du décret de 1810 : « Les « dispositions du présent décret n'auront point d'effet « rétroactif : en conséquence, tous les établissements « qui sont aujourd'hui en activité continueront à « être exploités librement, sauf les dommages dont « pourront être passibles les entrepreneurs de ceux « qui préjudicient aux propriétés de leurs voisins ; « les dommages seront arbitrés par les tribunaux. »

D'un autre côté, on lit dans le rapport du ministre de l'intérieur qui contient l'exposé des motifs du décret du 15 octobre 1810 : « D'après le projet, le « ministre de l'intérieur peut seul délivrer les per- « missions nécessaires pour la formation des éta- « blissements compris dans la première classe. Ces « établissements étant ceux dont l'activité occa- « sionne le plus de réclamations, j'ai pensé que la « création devait en être subordonnée à son appro- « bation. Sa décision, qui ne sera prise qu'en con- « naissance de cause, sera un garant que s'il accorde « la permission, c'est qu'il a jugé qu'il ne pouvait en « résulter aucun inconvénient, ni pour la salubrité « publique, ni pour les propriétés du voisinage. Dans « le cas où ces propriétés éprouveraient des dom- « mages, un article du projet permet de demander

« des indemnités dont la quotité sera réglée par
« l'autorité judiciaire. Cette disposition n'a pas
« besoin d'être justifiée. Les tribunaux statuant sur
« tout ce qui intéresse la propriété, sa nature et son
« exercice, il est naturel de leur envoyer la connais-
« sance des plaintes qui peuvent être adressées. »

Ce passage rapproché de l'art. 11, ne prouve-t-il pas qu'il a été dans l'esprit du décret du 15 octobre 1810 de réserver aux voisins de tout établissement classé une action en indemnité pour le dommage que son exploitation pourrait leur causer ?

150. — Le Conseil d'Etat n'a pas eu l'occasion de se prononcer directement sur ce point, et il est difficile de croire que cette occasion puisse jamais se présenter, car il faudrait que l'Etat fut actionné comme *industriel* (1) ! Mais par deux fois, la question a été apportée devant lui par voie de conflit, et il n'a fait nulle difficulté d'admettre le principe d'une indemnité pour le dommage causé aux voisins. (Voy. ordon. 15 déc. 1824, Lez, et 27 déc. 1826, Paris.)

151. — La jurisprudence de la *cour de cassation* est plus explicite ; elle nous offre une longue série d'arrêts qui tous viennent à l'appui du droit à une

---

(1) C'est à tort que des auteurs citent deux ordonnances des 19 mars 1823 (Segond), et 18 février 1836 (Narbonne-Lara). Ces ordonnances ne statuent que sur des demandes en dommages-intérêts formées contre l'Etat par des propriétaires voisins de poudreries militaires. Or, ces établissements ne sont point régis par le décret du 15 octobre 1810, ils sont, à titre d'*établissements intéressant la sûreté et la défense de l'Etat*, assimilés *aux places fortes et autres moyens défensifs du royaume*, et tombent sous l'application exclusive de la loi du 17 juillet 1819.

indemnité, (Voy. arrêts des 11 juillet 1826, 19 juillet 1826, 23 mai 1831, 17 juillet 1845, 28 février 1848).

L'arrêt du 17 juillet 1845, notamment, mérite d'être rapporté :

Un arrêté du préfet de Saône-et-Loire avait autorisé des sieurs Breithmayer et compagnie à établir une usine pour la fabrication du gaz, destiné à l'éclairage de la ville de Châlons.

Le sieur Laurent, propriétaire d'une maison voisine de l'établissement, actionna la compagnie en réparation de dommages qu'il prétendait avoir éprouvés, et réclama notamment 12,000 francs par an pour le préjudice permanent que lui devait causer le voisinage de l'usine.

La compagnie soutint, quant à ce chef de conclusions, qu'une indemnité pour le préjudice causé par le voisinage de l'usine ne pouvait être accordée, sans qu'il y eût atteinte portée à l'autorisation administrative, obtenue après enquête de *commodo* et *incommodo*, non suivie d'opposition ; et qu'en conséquence, le tribunal était incompétent.

Un jugement du 2 août 1843 condamna la compagnie à payer au sieur Laurent, à titre de réparation de la dépréciation notable que causait à sa propriété l'odeur fétide, produite par la vidange des résidus de l'usine et les exhalaisons qui s'en échappaient, 100 fr. par an d'indemnité, aussi longtemps que subsisterait cette usine.

Sur la question de compétence, le jugement portait en substance, d'après l'analyse qu'en donne le *Recueil* de MM. Dalloz, que si l'administration avait autorisé l'établissement de l'usine après enquête de *commodo*

et *incommodo*, cette enquête, évidemment équitable
et protectrice quand l'administration l'a faite pour
s'éclairer sur une décision d'ordre public qu'il était
dans son droit et dans son devoir de prendre, ne
saurait engager le réglement des intérêts purement
privés sous le prétexte du silence des parties, silence
qu'elles ont pu garder, ou parce qu'elles étaient
absentes, ou parce qu'elles ignoraient le préjudice que
leur occasionnerait le voisinage de l'usine ; que les
propriétaires de l'usine devaient savoir, d'ailleurs,
que l'administration, compétente pour savoir ce qui
blesse ou non l'ordre public, est sans droit pour
régler les intérêts privés entre eux, et que de ce
qu'elle a reconnu que l'établissement d'une usine
dans telle ou telle localité ne compromettra ni la
sûreté, ni la santé publique, il ne s'ensuit aucune-
ment qu'il ne pourra point en résulter de dommages
d'un ordre secondaire, de dommages purement
privés, à l'égard de quelques voisins dont il lui
appartient sans doute de protéger les intérêts, mais
dont elle ne peut étouffer les droits.

Sur l'appel, la cour royale de Dijon, par arrêt
du 7 février 1844, confirma le jugement, adopta ses
motifs et, toutefois, « considérant que le tribunal
« devait se borner à accorder l'indemnité par lui
« fixée, seulement pendant le temps que le préjudice
« causé et apprécié subsisterait, » ordonna que l'indemnité allouée serait payée tant que durerait le
dommage et non tant que l'usine existerait, ainsi
que l'avaient décidé les premiers juges.

La compagnie déféra cet arrêt à la censure de la
cour de cassation comme entaché d'une violation des

lois des 16-24 août 1790, t. II, art. 13, et 16 fructidor an III, et d'une fausse application de l'art. 11 du décret du 15 octobre 1810.

Le langage qu'elle tint à l'appui de son pourvoi peut se résumer ainsi :

Après l'autorisation administrative accordée à un établissement incommode ou insalubre, suivant les formalités prescrites par le décret du 15 octobre 1810, et non suivie d'opposition devant le conseil de préfecture, ni de recours au conseil d'Etat, l'existence de cette usine ne peut plus être attaquée dans un intérêt privé, soit devant l'autorité administrative, puisque tout est consommé, soit devant les tribunaux qui n'ont pas le droit d'empêcher l'effet d'un acte administratif. Or, l'arrêt attaqué ne tend à rien moins qu'à apporter au maintien de l'usine des demandeurs une condition financière qui constitue une condition nouvelle, qu'il n'appartenait pas à l'autorité judiciaire de créer au préjudice des attributions de l'administration.

Sans doute les tribunaux seraient compétents pour statuer sur des dommages effectivement et réellement causés par une exploitation nuisible sur une partie quelconque de la propriété des particuliers.

Les tribunaux seraient encore compétents pour connaître des dommages occasionnés par une exploitation abusive, puisque, dans ce cas, elle constituerait un délit ou un quasi-délit. Mais on ne comprend pas que la simple dépréciation ou la moins-value, le dommage indirect qui peut éventuellement résulter de la formation et du voisinage d'un établissement insalubre régulièrement autorisé, soit de nature à fonder une action en dommages-intérêts. Dès l'instant que l'établissement est autorisé par le pouvoir compétent, les concessionnaires ne font qu'user de leur droit en se conformant à la loi de leur autorisation. S'ils s'écartent de cette loi, il y a recours à l'autorité administrative pour les contraindre à l'observer ; il y a aussi recours à l'autorité judiciaire à raison des dommages-intérêts qui peuvent être dus pour cette infraction. Mais s'ils s'y conforment, et l'arrêt attaqué ne constate nullement que les demandeurs n'aient point respecté les conditions de leur autorisation, ils ne peuvent être responsables d'un dommage occasionné par le fait immédiat de l'administration.

L'arrêt fut rendu par la chambre des requêtes, en ces termes :

« La cour ; — Attendu qu'il est constaté en fait, « par l'arrêt attaqué, que l'odeur fétide, produite « par la vidange des résidus de l'usine établie à « Châlons pour la fabrication du gaz, et les exha- « laisons qui s'en échappent, causent un préjudice à « Laurent, en dépréciant notablement sa propriété ;

« Attendu, en droit, que l'autorisation donnée par « l'administration à un établissement classé parmi « les établissements insalubres ou incommodes, « n'est accordée que sauf les droits des tiers, et sous « la condition tacite pour le concessionnaire de « répondre devant qui de droit, des suites possibles « de son exploitation ;

« Qu'il appartient aux tribunaux, seuls compé- « tents pour statuer sur les questions d'intérêt privé, « de constater le dommage causé aux propriétés voi-

« sines par l'établissement autorisé, et de condamner
« celui qui en est l'auteur à le réparer;

« Rejette, etc... »

152. — La même doctrine est exprimée dans l'arrêt de la chambre civile du 28 février 1848. Il y est dit que « l'autorisation donnée par l'administration pour un « établissement classé comme insalubre ou incom- « mode n'est accordée que sauf les droits des tiers, « et que la condition pour le concessionnaire de « répondre des suites de son exploitation existe de « plein droit, qu'elle ait ou non été exprimée ; qu'il « appartient aux tribunaux, seuls compétents pour « statuer sur de purs intérêts privés, de constater « si un dommage susceptible d'indemnité ou de « réparation a été causé aux propriétés voisines, et « de prononcer, s'il y a lieu, des réparations et « indemnités ; qu'en statuant sur ces questions, « l'autorité judiciaire ne s'immisce pas dans l'acte « administratif qui a autorisé l'établissement. » (1).

La jurisprudence est donc certaine, et n'a jamais eu d'hésitation sur le droit à l'indemnité, ni sur la compétence exclusive des juridictions civiles pour en connaître.

153. — Mais la controverse est venue des auteurs, et, chose remarquable, ce sont les jurisconsultes du droit commun qui ont pris parti pour les industriels et qui ont soutenu que les propriétaires d'établisse- ments classés et autorisés par l'administration , étaient, tant qu'ils exécutaient les conditions aux-

___

(1) Un arrêt de la chambre civile du 8 juin 1857 (Barthélemy) va même plus loin, ainsi que je l'expliquerai bientôt.

quelles ils avaient été soumis, à l'abri de toute réclamation.

Une dissertation de M. Duvergier, insérée au t. X, pages 425 et 601 de la *Revue étrangère et française de législation, de jurisprudence et d'économie politique*, a précisément pour objet de justifier cette opinion.

Son raisonnement est celui-ci :

« Le droit de propriété consiste dans l'usage le
« plus absolu des choses.

« Toutefois, les lois et les réglements peuvent lui
« imposer des bornes.

« L'autorité administrative est seule chargée du
« soin de faire les réglements ; elle a spécialement
« reçu la mission de régler tout ce qui est relatif aux
« établissements industriels, de les classer, de fixer
« les lieux où ils peuvent se placer, de déterminer
« les procédés qu'ils doivent employer, et les pré-
« cautions qu'ils sont obligés de prendre.

« En conséquence, lorsqu'un établissement fonc-
« tionne, en respectant les lois et les dispositions des
« réglements, soit généraux, soit spéciaux, celui qui
« l'exploite ne franchit point les limites assignées à
« l'exercice du droit de propriété.

« Personne ne peut donc réclamer la réparation
« du préjudice qu'il cause, car l'exercice d'un droit
« ne peut jamais donner naissance à une action en
« dommages-intérêts. »

Il cite à l'appui de ce système, les écrits des anciens jurisconsultes et, notamment, ce passage de Domat :

« Les ouvrages ou autres choses que chacun peut
« faire ou avoir chez lui, et qui répandent dans les
« appartements de ceux qui ont une partie de la

« même maison, ou chez les voisins, une fumée ou
« des odeurs incommodes, comme les ouvrages des
« tanneurs et des teinturiers ; et les autres diffé-
« rentes incommodités qu'un voisin peut causer à
« l'autre, doivent se souffrir si la servitude en est
« établie, et s'il n'y a point de servitude, l'incommo-
« dité sera soufferte ou empêchée, selon la qualité des
« lieux et celle de l'incommodité, et selon que les
« règles de la police ou l'usage, s'il y en a, y auront
« pourvu (1). »

154. — M. Duvergier aborde ensuite le système qui
consiste à soutenir que l'administration, au moment
où elle autorise et règle l'exploitation d'une usine,
ne s'occupe de ses inconvénients qu'au point de vue
de l'intérêt général, et, après s'être efforcé de démontrer qu'on ne peut admettre ici une distinction
absolue entre les *inconvénients généraux* et les *inconvénients particuliers et personnels à certaines propriétés*,
il poursuit :

« Toutefois, on peut insister et prétendre que si
« l'administration examine les inconvénients parti-
« culiers et personnels, elle le fait sous un point de
« vue différent que les tribunaux saisis d'une de-
« mande en dommages-intérêts ; que l'autorité admi-
« nistrative apprécie seulement le *danger, l'incommo-
« dité ou l'insalubrité* des établissements industriels ;
« que lorsqu'elle en autorise la formation, elle dé-
« clare seulement que le voisinage restera exposé
« au danger, subira les chances de l'insalubrité, et
« sera soumis à l'incommodité ; mais qu'elle ne décide

(1) Liv. 1, tit. XII, sect. II, nº 10.

« point que le dommage matériel qui serait causé aux
« propriétés voisines, devra être supporté par elles ;
« que, par conséquent, si ce dommage survient, les
« tribunaux peuvent en ordonner la réparation,
« sans empiéter sur les attributions de l'autorité
« administrative, sans juger le contraire de ce qu'elle
« a jugé, sans décider autrement qu'elle ne l'a fait.

« Cette doctrine a été adoptée par quelques auteurs
« recommandables, et quelques décisions l'ont con-
« sacrée. On l'a formulée en disant qu'il fallait distin-
« guer entre le dommage *moral* et le dommage *ma-*
« *tériel* ; que si le premier ne pouvait donner ouver-
« ture à une action en dommages-intérêts devant les
« tribunaux, le second autorisait à réclamer une in-
« demnité.

« Cette théorie ingénieuse, la seule qui ne soit pas
« en contradiction ouverte avec les textes de la loi et
« les principes les plus constants de notre droit, ne
« peut cependant supporter un sérieux examen.

« Elle pourrait être vraie, si, pour jouir de sa pro-
« priété, il fallait avoir la permission d'une autorité
« quelconque ; si les actes de celui qui use de sa chose
« n'étaient licites, qu'à la condition d'être expressé-
« ment autorisés par une loi ou par un réglement.
« Mais c'est le principe contraire qui est écrit dans
« l'art. 544 du Code civil, et qui domine toute la lé-
« gislation. Pour qu'un fait par lequel un propriétaire
« tire de sa chose l'utilité qu'elle est susceptible de
« produire, soit condamnable, il faut que la loi ou le
« réglement le prohibe. En cette matière surtout, ce
« qui n'est pas défendu est permis. Ainsi l'industriel
« qui, en exploitant son usine, cause un dommage

« moral et un dommage matériel à ses voisins, a le
« droit de repousser leurs plaintes et leurs réclama-
« tions en disant : Le fait qui vous est préjudiciable
« n'est pas une faute, car il n'est prohibé par aucune
« loi, par aucun réglement ; cela suffit à ma défense.
« En ce qui touche le dommage moral, j'ai une rai-
« son de plus à faire valoir ; non-seulement, je ne
« suis en contravention avec aucune disposition, mais
« encore j'ai une autorisation formelle.

« En d'autres termes, il faut toujours en revenir à
« cette idée simple, générale et féconde, que le droit
« de propriété s'étend et s'exerce de la manière la
« plus absolue, tant qu'il ne rencontre point une loi
« ou un réglement qui le restreigne et qui le modifie.

« Admettons, toutefois, la distinction entre ce qu'on
« appelle le dommage *moral* et le dommage *matériel*,
« supposons qu'il y ait action pour réparation du se-
« cond, et voyons dans quels cas on peut se plaindre
« d'un préjudice de cette dernière espèce.

« D'abord, il importe de bien préciser le sens des
« expressions qu'on emploie. Ces mots dommage
« *moral* et dommage *matériel* paraissent, au premier
« aperçu, avoir une signification fort claire ; mais,
« pour peu qu'on descende dans l'application, on re-
« connaît qu'ils laissent du vague et de l'incertitude ;
« d'ailleurs, ils ne sont pas employés par la loi, ils ne
« peuvent donc avoir qu'une autorité doctrinale, qui
« ne commande point une soumission absolue ; et il
« est libre à chacun de proposer une formule qui pré-
« sente plus de précision ; on la trouve en s'attachant
« aux textes.

« Les premiers actes de la législation relative aux

« établissements industriels, objets de précautions
« spéciales, les ont qualifiés d'*établissements qui ré-*
« *pandent une odeur insalubre ou incommode.*

« Cette désignation n'était ni exacte, ni complète.
« Certains établissements peuvent être insalubres ou
« incommodes, autrement que par l'odeur qui s'en
« exhale. Tels sont ceux qui produisent du bruit,
« comme *les batteurs d'or et d'argent, les batteurs d'écorce,*
« *les fabricants de boutons métalliques,* les tréfileries,
« les moulins, etc. D'autres ne sont ni incommodes,
« ni insalubres, mais ils présentent de très-graves
« dangers d'explosion ou d'incendie.

« Aussi la nomenclature publiée en 1825, par M. le
« ministre de l'intérieur, est-elle intitulée :

« État général des établissements insalubres, in-
« commodes ou dangereux.

« Depuis cette époque, les nouveaux états ou les
« différentes ordonnances royales qui ont complété
« le classement ont employé la même dénomination.

« Elle est très-significative ; elle indique clairement
« que l'autorité administrative prend en considéra-
« tion trois éléments de dommage : *le danger, l'in-*
« *commodité et l'insalubrité.*

« En conséquence, au moment où elle autorise un
« établissement classé, elle prévoit que les propriétés
« voisines auront à supporter l'une des trois espèces
« de préjudice, peut-être toutes les trois réunies ;
« elle prévoit et passe outre ; elle condamne les voi-
« sins à souffrir, sans se plaindre, le mal qu'elle con-
« naît et dont elle a mesuré l'étendue.

« Ce mal consiste dans la dépréciation qu'éprouve
« une propriété qu'une explosion ou un incendie peut

« détruire à chaque instant, sur laquelle s'étendent
« des émanations nuisibles, ou dont de mauvaises
« odeurs ou un bruit plus ou moins intense rendent
« l'habitation désagréable.

« Tout cela, encore une fois, est prévu et doit être
« subi sans réclamation.

« Mais, si le dommage a un autre caractère, si la
« propriété subit un retranchement matériel, une dé-
« térioration physique, alors on conçoit que celui
« qui éprouve ce retranchement, cette détérioration,
« soutienne que l'autorité administrative n'a pas
« prévu que les choses iraient jusque-là ; qu'elle n'a
« pas entendu autoriser cette diminution matérielle
« et visible de la propriété ; qu'en conséquence, le
« propriétaire de l'établissement cesse d'être protégé
« par l'autorisation qu'il a obtenue, et doit indem-
« niser ceux qu'il lèse.

« La distinction, ainsi entendue, ne présente plus
« aucune difficulté dans l'application.

« On n'a qu'à se demander si le préjudice souffert
« est au nombre des inconvénients bien déterminés
« que l'administration a eus en vue ; et, selon que la
« réponse est affirmative ou négative, on doit rejeter
« ou admettre l'action en dommages-intérêts. »

155. — Enfin, l'auteur, après avoir cherché à démontrer par la citation des opinions de M. Cormenin,
de M. Trébuchet (Voy. *Code des établissements incommodes ou insalubres*, p. 99 et suiv.), de M. Taillandier
(Voy. *Traité des établissements insalubres*, p. 153), et par
la discussion d'un arrêt de la cour de cassation du
3 mai 1827, que la jurisprudence a, depuis longtemps,
consacré la distinction entre les deux espèces de pré-

judice que peuvent causer les établissements industriels, et décidé que les tribunaux ne pourraient statuer que sur la demande en réparation de dommages
matériels, formule sa conclusion en ces termes :

« On est donc autorisé à conclure que le droit de
« propriété peut nuire à autrui par son exercice, lors-
« que cet exercice n'a rien de contraire aux lois et
« réglements, que cela est vrai surtout, lorsqu'il s'a-
« git d'établissements industriels classés et autorisés
« et qu'enfin si cette doctrine était contestée, il fau-
« drait au moins, et, dans tous les cas, reconnaître
« que le dommage matériel, la diminution réelle de
« la propriété voisine, peut seule justifier une action
« en indemnité et que les tribunaux ne doivent point
« accorder de dédommagement, à raison de la moins-
« value résultant du danger, de l'insalubrité ou de
« l'incommodité, la justice administrative l'ayant ap-
« précié. »

156. — Pour dénier en principe le droit à l'indemnité et lutter, sur ce point, contre une jurisprudence
aussi positive que constante, M. Duvergier ne s'ap-
puie que sur l'art. 544 du Code Napoléon. Tout est
pour lui dans la disposition de cet article, qui n'admet
pour le droit de propriété d'autre restriction que celle
qui peut résulter d'une loi ou d'un réglement. Le
droit de propriété, s'écrie-t-il, consiste dans l'usage
le plus absolu des choses ; les lois et les réglements
peuvent seuls lui imposer des bornes !

Mais il y a là une méprise. Le droit de propriété,
dans l'art. 544, n'est défini et garanti que vis-à vis du
droit de l'Etat et de la cité. Ce n'est que pour l'Etat
et la cité, ce n'est que dans ses rapports avec l'ordre

public, que le droit de propriété est le droit de jouir
et disposer des choses de la manière la plus absolue,
pourvu qu'on n'en fasse pas un usage prohibé par les
lois et les réglements.

Or, dans la question du droit à une indemnité en
matière d'établissements autorisés, la difficulté n'est
pas dans une conciliation à ménager entre le droit de
propriété et les exigences de l'ordre public. Le droit
de propriété du fabricant vient se heurter contre le
droit de propriété du voisin ; et le droit de propriété
n'est ni plus ni moins étendu, et ne doit être ni plus
ni moins respecté dans les mains de l'un que dans
celles de l'autre. Ce n'est point de l'art 544, c'est de
l'obligation naturelle et légale de ne causer à la propriété d'autrui aucun dommage, qu'il faut faire sortir
la solution.

Est-ce à dire que le décret de 1810 et l'ordonnance
de 1815 sont étrangers à la question et qu'on n'a nul
compte à faire de leurs dispositions?

Non certainement.

L'industrie était à la merci d'un intolérable arbitraire ; et c'est dans son intérêt, plus encore que dans
l'intérêt de la propriété, que le décret du 15 octobre
1810 est venu instituer un régime spécial pour les
manufactures dangereuses, insalubres ou incommodes. Le but de ce décret a été de pourvoir, par des
règles particulières, aux relations de voisinage entre
ces sortes d'établissements et les propriétés qui les
entourent, et il suffit de pénétrer l'esprit de ses dispositions, qui, en cela, ont le caractère et la force de
la loi, pour comprendre qu'il a procédé comme à un
arbitrage.

L'autorité administrative a été constituée juge de la question de dangers et d'inconvénients, en ce sens que la permission qu'elle délivre légitime l'existence de l'établissement, et le couvre à l'encontre de toute action qui tendrait à établir devant le tribunal, gardien de la propriété privée, que l'établissement est nuisible ou dangereux, incommode ou désagréable, et à obtenir que l'exploitation en soit interdite ou soumise à certaines restrictions.

Mais, en même temps et pour ménager une juste satisfaction au principe, que chacun n'est libre dans l'usage qu'il fait de sa chose qu'à la condition de ne pas nuire à la chose d'autrui, les auteurs du décret ont entendu que le dommage que la propriété voisine viendrait à éprouver, donnerait lieu à une réparation sous forme d'indemnité. Ils s'en sont expliqués et dans l'art. 11, et dans le passage de l'exposé des motifs que nous avons reproduit.

La cour de cassation se montre disposée dans un un arrêt du 8 juin 1857, (Barthélemy), à dégager l'intervention de l'autorité judiciaire de toute restriction et de toute entrave; elle reconnaît et déclare qu'il est dans le droit du juge non-seulement d'allouer une indemnité pour dommage, mais de condamner l'industriel à faire cesser la cause du préjudice soit en supprimant l'établissement autorisé, soit en le déplaçant. Nous ne saurions, quant à nous, souscrire à cette doctrine; elle nous semble mener droit à un conflit avec l'autorité administrative, et elle réduit à néant pour l'industrie, la protection que se proposait de lui assurer l'auteur du décret de 1810. Un arrêt du 24 avril 1865, sans aller aussi loin, se borne à consta-

ter le droit des tribunaux d'accorder des dommages-
intérêts dont ils ont l'appréciation souveraine; mais
n'est-ce pas toujours au fond la même chose puisque
le taux des dommages-intérêts peut être tel que la
suppression ou le déplacement de l'établissement
autorisé par l'administration soit le seul parti possible? Nous ne nous étonnons donc pas que cette doctrine rencontre de la résistance (Voy. dans la *Gazette
des Tribunaux* du 30 avril 1865, un arrêt de Paris du
22 avril précédent) et nous ferons, d'ailleurs, remarquer que les deux arrêts cités de la cour de cassation,
s'ils sont conçus en termes généraux, sont néanmoins
rendus, à l'occasion non d'établissements classés, mais
d'établissements soumis à des prescriptions spéciales
de police.

On voit que nous nous rallions à la doctrine, que
M. Duvergier signalait comme ingénieuse, et à laquelle il déclarait n'avoir à opposer que l'art. 544, article sur lequel il édifiait un raisonnement dont nous
croyons avoir fait justice.

157. — Pour l'application de cette doctrine, le
conseil d'Etat a admis dans deux ordonnances, l'une
du 15 décembre 1824 (Lez,) et l'autre du 27 décembre 1826 (Paris), une distinction entre la dépréciation
résultant du voisinage des établissements autorisés et
les dommages matériels causés par leur exploitation.
La Cour de cassation semble, au contraire, disposée à
donner plus d'extension au droit à l'indemnité; elle
se refuse à le limiter au cas où il y a eu dommage matériel, c'est-à-dire retranchement ou altération physique de la chose d'autrui, et reconnaît aux tiers le
droit de réclamer des dommages-intérêts, *dès qu'il est*

constaté que le préjudice pour leurs propriétés excède les obligations ordinaires du voisinage. (Voy. arrêt du 20 févr. 1849.)

Pour nous, sans adopter une distinction absolue entre la dépréciation et le dommage matériel, nous ne saurions souscrire à la règle consacrée par l'arrêt que nous venons de citer. Nous avons cherché à démontrer que le but de la législation propre aux ateliers dangereux ou incommodes, avait été précisément de déroger aux obligations *ordinaires* du voisinage, et d'imposer à la propriété l'obligation de supporter ce que nous appellerons les inconvénients généraux de ces sortes d'établissements. Nous dirons donc, qu'à notre avis, le droit et le devoir des tribunaux, pour répondre au vœu de la loi, qui a·été de concilier la protection due à l'industrie avec le respect dû à la propriété, est de n'accorder d'indemnité que pour le préjudice résultant de dommages réellement soufferts dans les produits, dans le revenu de la propriété de celui qui se plaint (1).

158. — Dans ce système, on n'a aucune peine à se rendre compte de la situation faite aux ateliers non classés. Les établissements restés en dehors de la nomenclature ou que l'administration n'a pas cru devoir assimiler à ceux qui s'y trouvent compris, ne se trouvent pas soumis à l'empire d'une législation spéciale. Il est rationnel, soit qu'il s'agisse de protéger leur

(1) La cour de cassation, dans ses arrêts antérieurs à celui de 1849, ne semble point éloignée de cette doctrine. Il est à remarquer, en effet, qu'elle prend presque toujours le soin de rappeler que, dans le fait, il y avait *dommage matériel*. (Voy. arrêts du 19 juillet 1826 et du 3 mai 1827.)

existence; soit que l'on ait à subordonner leur exploitation aux droits des propriétaires voisins, de ne se décider que par les règles et d'après les principes du droit commun. Nous ne pouvons qu'applaudir à un arrêt de la chambre civile du 27 novembre 1844, par lequel la cour de cassation déclare que l'incommodité et, par exemple, celle résultant du bruit causé par l'exercice d'une industrie non classée, est susceptible de donner lieu à une indemnité ; mais que ce n'est que dans le cas où, par son intensité et sa continuité, le bruit est porté à un degré qui excède la mesure des obligations ordinaires du voisinage, qu'il peut y avoir lieu à indemnité.

159. — La distinction n'est pas moins simple entre les établissements classés et ceux qui ne le sont pas, relativement à la nature des *réparations* qu'il appartient au juge d'accorder.

Pour les établissements non classés, le juge n'est pas tenu de se borner à allouer des dommages-intérêts pour le préjudice réalisé, sa mission est aussi de pourvoir à la cessation du préjudice pour l'avenir. Il ordonne l'exécution des travaux, l'emploi des précautions et soumet l'exploitation aux modifications et restrictions qui lui paraissent nécessaires pour conjurer le mal. Le droit irait même jusqu'à l'interdiction de l'industrie, si son exercice devait inévitablement porter une trop grave atteinte à la propriété du voisin. (Voy. arrêt du 27 nov. 1844.)

A l'égard des établissements classés, il en est autrement. Le législateur, nous l'avons dit, s'est interposé comme arbitre entre l'industrie et la propriété. L'autorisation a cet effet de couvrir l'existence de l'établissement, de régulariser son exploitation et de lier, à ce double point de vue, la juridiction civile. Le droit de propriété, dans ses rapports avec le droit que le fabricant tient de la permission délivrée par l'autorité administrative, se résout en un simple droit à une indemnité. On ne peut donc jamais songer à demander au juge ni d'interdire l'exercice de l'industrie autorisée, ni même d'altérer en rien les conditions qui lui sont faites par l'acte d'autorisation.

160. — La doctrine qui refuse au décret de 1810 la portée que nous lui prêtons et qui accorde l'indemnité pour tout ce qui, en fait de préjudice, excède les obligations ordinaires du voisinage, admet aussi la limite que nous assignons au pouvoir du juge, et elle la justifie en disant que l'autorité judiciaire ne pourrait interdire ou modifier l'exploitation d'un établissement autorisé, sans s'immiscer dans l'acte d'autorisation, et sans violer, par cela même, les lois séparatives du pouvoir administratif et du pouvoir judiciaire. (Voy. arrêt du 28 févr. 1848.) Mais cette explication ne nous semble rien moins que satisfaisante. S'il est vrai, suivant la jurisprudence que nous combattons, *que l'autorisation n'est accordée que sauf les droits des tiers*, pourquoi ne pas aller jusqu'au bout, et ne pas reconnaître qu'elle ne constitue qu'une *permission de police*; que l'administration, en la délivrant, se borne à dire *je n'empêche*, et laisse d'ailleurs à celui qui l'a obtenue, le soin de faire lever tous les obstacles qu'il est exposé à rencontrer de la part de tiers armés des droits placés sous la garantie des lois civiles? Il n'y a vraiment pas de milieu à garder: ou il faut attribuer à l'autorisation le caractère d'une *décision*

dont les effets doivent porter, dans une certaine mesure, sur les droits des tiers, ou il faut ne voir dans l'autorisation qu'une permission délivrée sous le rapport de la police et avec laquelle le juge n'a rien à démêler, lorsqu'il s'agit pour lui de sauvegarder les droits privés, et arriver ainsi à une conséquence incompatible avec l'esprit et le but de la législation sur les manufactures dangereuses ou incommodes. (Voy. *suprà*, n° 23.)

FIN.

APPENDICE

———

**I. — Décret impérial relatif aux chaudières à vapeur autres
que celles qui sont placées à bord des bateaux.**

25 janvier-18 février 1865.

RAPPORT A L'EMPEREUR.

SIRE,

Dans le grand travail de révision auquel, d'après
les ordres de Votre Majesté, ont dû être soumis les
divers réglements qui régissent l'industrie, les machines à vapeur ne pouvaient être oubliées. La vapeur est aujourd'hui l'agent presque universel de
l'industrie. A l'exception des usines établies sur des
cours d'eau, il n'y en a en quelque sorte pas une
seule qui n'ait la vapeur pour force motrice, et en
dehors des établissements industriels proprement
dits, nous la retrouvons donnant le mouvement aux
vaisseaux de guerre et de commerce, ainsi qu'aux locomotives des chemins de fer. Chaque jour augmente
le nombre des machines à vapeur existant en France.

En 1850, il y en avait 6,832 ; en 1853, le nombre s'en élevait à 22,516 représentant une force de 617,890 chevaux-vapeur, ou de 1,853,670 chevaux de trait, ou encore de 12,975,690 hommes de peine, c'est-à-dire supérieure à celle de tous les hommes en état de travailler qui existent dans le pays.

La vapeur est donc, ainsi qu'on l'a dit si justement, une puissance de premier ordre ; mais on doit reconnaître que c'est une puissance qui a ses dangers, et que l'on ne doit en faire usage qu'avec certaines précautions dont l'oubli peut occasionner les plus funestes conséquences.

L'on s'explique donc qu'à l'époque où la machine à vapeur était encore peu connue, et le nombre des hommes en état de la conduire peu considérable, l'on ait assujetti l'emploi de ces machines à des prescriptions nombreuses et sévères, de nature à prévenir les accidents : c'est ainsi que, dès l'année 1810, elle a été rangée parmi les établissements insalubres et incommodes ; c'est ainsi que plus tard, et sous l'impression d'accidents qui avaient coûté la vie à un grand nombre de personnes, ont été successivement rendues, en 1823, en 1828, 1829 et 1830, diverses ordonnances déterminant les mesures de sûreté auxquelles devait être subordonné l'emploi de la vapeur, et, en dernier lieu, l'ordonnance du 22 mai 1843 qui régit encore aujourd'hui la matière, et qui a constitué un véritable progrès sur les réglements antérieurs.

Mais le temps a marché ; l'industrie de la construction des machines a fait les plus remarquables progrès ; la vapeur s'applique aujourd'hui dans une foule de circonstances où l'on ne supposait pas qu'elle dût jamais trouver sa place. Les appareils destinés à la recevoir se transforment de mille manières, en raison des usages variés auxquels ils sont destinés ; les matériaux eux-mêmes dont les appareils sont formés se fabriquent de nos jours dans des conditions de qualité et de prix auxquelles on n'avait pas encore atteint ; enfin, les ouvriers propres à la conduite des machines sont plus expérimentés et plus nombreux ; de là résulte que l'administration, pour suivre l'industrie dans ses progrès, a dû, usant de la faculté que le réglement lui-même lui conférait, accorder certaines dérogations aux conditions de sûreté que ce réglement prescrivait.

Mais ces concessions limitées et partielles étaient devenues insuffisantes, et chaque jour révélait l'utilité de modifications essentielles dans les réglements actuels ; ces modifications ont été mises à l'étude ; l'administration a ouvert sur toute la surface de l'Empire une vaste enquête ; les ingénieurs chargés de la surveillance, les préfets, les constructeurs, les industriels ont été consultés. Les résultats de cette enquête ont été analysés et discutés avec le soin le plus scrupuleux par la commission centrale des machines à vapeur instituée près de mon département. A la suite de délibérations approfondies, cette commission a proposé un réglement nouveau qui dégage l'industrie d'entraves devenues inutiles. Le conseil d'Etat a adopté ce nouveau réglement, et je viens à mon tour, Sire, le soumettre avec confiance à la haute sanction de Votre Majesté, après y avoir introduit, sous son inspiration directe, quelques modifications de détail destinées à le rendre encore plus simple et plus libéral,

Qu'il me soit permis d'indiquer en peu de mots à Votre Majesté les points principaux sur lesquels le nouveau réglement diffère du réglement actuel.

Aujourd'hui, toutes les pièces, en quelque sorte, d'une machine à vapeur sont réglementées : non-seulement les chaudières et les tubes dans lesquels la vapeur se produit sont soumis à des épreuves pour constater la résistance du métal dont ils se composent, mais encore toutes les pièces qui sont destinées seulement à contenir la vapeur produite, les cylindres en fonte des machines, les enveloppes mêmes de ces cylindres, doivent subir ces épreuves; pour le fer, l'acier ou le cuivre, l'épreuve est du triple de la pression à laquelle la vapeur doit fonctionner; pour la fonte, cette épreuve atteint jusqu'au quintuple.

Ce n'est pas tout : le constructeur, quel que soit le métal qu'il doive employer, que ce soit du fer de qualité ordinaire ou de l'acier le plus solide, est assujetti à des conditions d'épaisseur dans lesquelles il doit obligatoirement se renfermer; en un mot, il n'a, pour ainsi dire, aucune liberté dans le choix des matériaux qu'il emploie, dans l'agencement des pièces qui doivent composer la machine, et si, depuis longtemps déjà, l'administration n'avait, ainsi que je l'ai dit déjà, tempéré la rigueur des réglements, l'industrie eût été paralysée dans son essor, au grand préjudice de l'intérêt général.

La machine est construite ; elle a été vérifiée dans ses parties essentielles ; sa chaudière, ses cylindres ont été éprouvés et poinçonnés par les ingénieurs chargés de la surveillance ; ces ingénieurs ont constaté qu'elle est munie de tous les appareils de sûreté prescrits par les réglements : il s'agit maintenant d'en faire emploi, et c'est alors que commence une nouvelle série de formalités.

Les machines à vapeur sont rangées, je l'ai dit, parmi les établissements insalubres et incommodes ; elles ne peuvent dès lors être autorisées qu'après une enquête dans laquelle sont entendus les intéressés ; à la suite de l'enquête, les ingénieurs se rendent sur les lieux, le plan à la main, pour constater si les conditions d'emplacement et de distance soit aux habitations voisines, soit à la voie publique, sont observées ; sur leur rapport enfin, l'autorisation est accordée, s'il y a lieu, par un arrêté du préfet, qui détermine les mesures de détail auxquelles le permissionnaire est tenu de se conformer.

Ajoutons que les arrêtés pris par les préfets peuvent être attaqués par les tiers devant la juridiction contentieuse, et l'on verra de suite combien la législation actuelle, par les pertes de temps qu'elle impose à l'industrie, lui apporte de gêne et de préjudice.

Sans doute, si ce mécanisme compliqué était nécessaire pour garantir la sécurité publique, comme il pouvait l'être il y a peu d'années encore, il faudrait s'y résigner ; mais aujourd'hui la machine à vapeur est tellement entrée dans les habitudes et dans les nécessités de l'industrie, qu'on peut, sans inconvénient pour l'intérêt général, supprimer plusieurs des obligations préventives qui ont été jusqu'ici imposées aux industriels.

C'est dans cet ordre d'idée qu'a été conçu le réglement nouveau : il maintient l'épreuve pour les chaudières, mais il la supprime pour les cylindres et autres pièces accessoires ; de plus, il réduit l'épreuve au double de la pression effective de la vapeur dans la chaudière, tandis qu'elle est triple aujourd'hui de cette pression, et en outre, au delà d'une pression de six atmosphères, il admet que la charge d'épreuve ne dépasse dans aucun cas le double de cette pression.

Quant à l'exécution même de la chaudière, à la nature et à la qualité des matériaux employés, à l'épaisseur des parois, elles seront laissées désormais à la disposition du constructeur sous sa responsabilité.

En ce qui concerne les machines elles-mêmes, elles seront à l'avenir dispensées de l'autorisation préalable, en d'autres termes elles seront déclassées comme établissements insalubres et incommodes ; il suffira d'une simple déclaration faite au préfet du département : le réglement lui-même détermine les conditions diverses auxquelles le propriétaire est tenu de se conformer, et chacun dès lors, pourvu qu'il exécute ces conditions, est en droit d'établir chez lui une machine à vapeur sans avoir besoin de réclamer un arrêté préfectoral qui ne pouvait, malgré toute la célérité possible, intervenir le plus souvent qu'après un délai de plusieurs mois.

Enfin, les conditions mêmes imposées d'une manière générale aux propriétaires d'appareils à vapeur offrent de notables adoucissements sur la situation actuelle.

Dans le régime en vigueur, les chaudières sont divisées, au point de vue des dangers qu'elles peuvent présenter pour le voisinage, en plusieurs catégories, qu'on obtient en multipliant leur capacité totale par le chiffre de la pression de la vapeur dans leur intérieur. La première catégorie comprend les chaudières dans lesquelles le produit de la capacité par la tension excède 15 ; la seconde celles où le produit varie entre 7 et 15 ; la troisième celles où il varie de 3 à 7, et la quatrième enfin celles où il n'excède pas 3.

Les chaudières de première catégorie ne peuvent être établies dans aucune maison d'habitation ni dans aucun atelier, sauf par exception, pour un atelier, le cas où la chaleur des foyers de cet atelier pourrait être utilisée au chauffage des chaudières.

Toutes les fois qu'il y a moins de 10 mètres de distance entre une chaudière de première catégorie et les maisons d'habitation ou la voie publique, il faut construire un mur de défense d'un mètre au moins d'épaisseur, dont le préfet règle la longueur et la hauteur pour chaque cas particulier. Ce magistrat détermine en même temps, s'il y a lieu, la direction de l'axe de la chaudière.

Pour les chaudières de seconde catégorie, elles ne peuvent être placées dans un atelier que lorsque cet atelier ne fait pas partie d'une maison d'habitation ou d'une fabrique à plusieurs étages : si elles sont à moins de 5 mètres de distance, soit des maisons d'habitation, soit de la voie publique, il y a là encore l'obligation du mur de défense d'un mètre d'épaisseur sans préjudice des autres conditions à régler par le préfet comme pour les chaudières de première catégorie:

Les chaudières de la troisième catégorie ne peuvent être également placées dans un atelier que lorsque cet atelier ne fait pas partie d'une maison d'habitation, mais le mur de défense n'est pas exigé.

Enfin pour les chaudières de la quatrième catégorie, elles ne sont assujetties à aucune restriction spéciale qui mérite d'être mentionnée.

Dans le nouveau réglement l'interdiction d'établir une chaudière de première catégorie dans une maison d'habitation est maintenue, mais elle ne subsiste plus pour les ateliers qu'autant qu'ils sont surmontés d'étages, et on ne considérera pas comme un étage au-dessus de l'emplacement de la chaudière une construction légère dans laquelle ne se fera aucune élaboration exigeant la présence d'employés ou d'ouvriers à poste fixe.

Pour ces mêmes chaudières, le nouveau réglement décide d'une manière absolue qu'on ne pourra les établir à moins de 3 mètres de distance d'une maison d'habitation appartenant à des tiers, mais il ne stipule rien pour la voie publique, et de plus, au delà de 3 mètres, il ne prescrit la construction d'un mur de défense que dans certains cas où la sûreté du voisinage est plus spécialement intéressée.

Au delà de 10 mètres, l'établissement des chaudières de première catégorie n'est plus assujetti à aucune condition particulière.

Les chaudières de seconde catégorie pourront être désormais placées dans l'intérieur de tout atelier, et sans aucune condition de mur de défense, pourvu que l'atelier ne fasse pas partie d'une maison habitée par d'autres que le manufacturier, sa famille, ses employés, ouvriers ou serviteurs.

Les chaudières de troisième catégorie enfin peuvent être établies dans un atelier quelconque, même faisant partie d'une maison habitée par des tiers.

Il suffit sans doute, Sire, du simple énoncé qui précède pour montrer toute l'étendue de la liberté que le nouveau réglement laisse à l'industriel ; il n'aura plus à subir ces longs délais qu'exige toujours, quoi qu'on fasse, une instruction administrative, il trouvera dans le réglement lui-même les conditions qu'il doit remplir, et l'exécution lui en sera laissée sous sa responsabilité et sous la réserve d'une simple déclaration à faire au préfet ; il était impossible d'aller plus loin sans abandonner cet autre intérêt que le Gouvernement ne doit jamais négliger, celui de la sécurité publique.

Quant aux délais du réglement en lui-même, j'ai peu de chose à en dire : il se divise en quatre titres.

Le premier traite des épreuves auxquelles les chaudières devront être soumises : il indique comment ces épreuves devront se faire et quelle en sera la charge.

Il définit en outre les divers appareils de sûreté dont les chaudières devront être munies (articles 5 à 9).

Ces appareils ne diffèrent pas, quant à leur nature de ceux qui sont en usage aujourd'hui ; mais, tandis que le réglement actuel en fixait les dimensions, les détails d'exécution et d'emploi de la manière la plus minutieuse, le réglement nouveau se borne à indiquer, au moins pour la plupart de ces appareils, les conditions générales auxquelles ils doivent satisfaire, et laisse l'industriel libre de les construire, disposer et employer comme il voudra pourvu que le but auquel ils doivent satisfaire soit atteint.

Le titre II règle la forme et les conditions de la déclaration à faire par celui qui veut établir à demeure une chaudière à vapeur. Cette déclaration, faite au préfet (article 10), doit contenir les indications nécessaires pour permettre à l'autorité et aux ingénieurs chargés de la surveillance de constater si les chaudières sont toujours dans les conditions réglementaires ; ces indications ne se rapportent d'ailleurs qu'à des faits que le propriétaire ne peut pas ignorer, et par suite il lui sera toujours facile de les fournir.

Le titre II règle également les conditions que doit remplir toute chaudière à vapeur vis-à-vis du voisinage, et c'est là évidemment la partie la plus importante du nouveau réglement, puisque c'est elle qui doit faire, par des dispositions générales applicables à tous les cas, ce que faisait dans chaque cas particulier l'arrêté du préfet, en vue de sauvegarder la sécurité publique et les intérêts des propriétés voisines de machines à vapeur.

J'ai d'ailleurs dans la première partie de ce rapport indiqué les conditions spéciales applicables aux chaudières de chaque catégorie, et je n'ai plus besoin d'y revenir ici.

Qu'il me soit permis seulement de signaler à Votre Majesté la disposition (article 18) d'après laquelle les conditions d'emplacement fixées par le réglément cessent d'être obligatoires lorsque les tiers intéressés renoncent à s'en prévaloir, et celle (article 19) qui oblige à munir les chaudières de toute catégorie d'un appareil fumivore d'une efficacité suffisante. L'inconvénient de la fumée est celui qui est le plus incommode aux voisins, et depuis assez longtemps déjà l'administration est dans l'usage de prescrire, à tous ceux qui veulent établir des machines à vapeur, de brûler la fumée de leurs foyers ; il existe aujourd'hui divers appareils qui réalisent, au moins d'une manière approximative et à peu de frais, ce grand avantage ; il est juste d'en faire jouir le public d'une manière générale au moment où l'on accorde à l'industrie des facilités aussi larges que celles qui doivent résulter du nouveau réglement.

Il parait équitable toutefois d'accorder un certain délai pour se mettre en règle, quant à l'emploi d'un appareil fumivore, aux propriétaires de chaudières à vapeur auxquels cette condition n'aurait pas été imposée par leur acte d'autorisation ; un paragraphe spécial est ajouté à cet effet à l'art. 19 ; le délai qu'il concède aux usines est de six mois.

Le titre III énonce les dispositions auxquelles doivent satisfaire les machines locomobiles et les machines locomotives. Les prescriptions qui concernent les locomobiles ne diffèrent pas sensiblement de celles qui sont édictées par les réglements actuels, et, quant aux locomotives, on se réfère purement et simplement aux réglements d'administration publique qui règlent les conditions de la circulation de ces machines sur les chemins de fer. Il est seulement ajouté à l'article relatif aux locomotives un paragraphe qui prévoit le cas où elles viendraient ultérieurement à circuler sur les routes de terre ; ce cas échéant, les conditions de cette circulation seraient fixées par un réglement spécial.

Le titre IV enfin désigne les fonctionnaires et agents de divers ordres qui seront chargés de la surveillance des chaudières à vapeur; il indique les mesures à observer en cas d'accident, de telle façon que la justice puisse être ainsi à même de constater à qui doit en remonter la responsabilité.

Telles sont, Sire, les dispositions principales de la nouvelle réglementation qui me paraît devoir être adoptée pour les chaudières à vapeur: elles ouvrent pour l'industrie une ère de liberté et de progrès, tout en satisfaisant dans la mesure du nécessaire à ce qu'exige la sûreté publique, et je prie d'ailleurs Votre Majesté de vouloir bien remarquer que ces dispositions ne concernent que les chaudières autres que celles qui sont placées sur des bateaux. Pour ces dernières il pourra y avoir lieu sans doute de modifier en quelques points les réglements actuels, mais, à raison de la destination principale des bateaux à vapeur, qui est le transport des personnes, et de la gravité des accidents dont, par là même, ils peuvent être le théâtre, il est impossible de ne pas les astreindre à des mesures de précautions spéciales. Tout ce qui les concerne doit donc faire l'objet d'un examen particulier dont j'aurai ultérieurement à placer les résultats sous les yeux de Votre Majesté.

Je suis, avec un profond respect,

Sire,

De Votre Majesté

Le très-humble et très-obéissant serviteur et fidèle sujet,

Le ministre de l'agriculture, du commerce et des travaux publics,

ARMAND BÉHIC.

NAPOLÉON,

Par la grâce de Dieu et la volonté nationale, Empereur des Français,

A tous présents et à venir, salut :

Sur le rapport de notre ministre de l'agriculture, du commerce et des travaux publics ;

Vu l'ordonnance royale du 22 mai 1843, relative aux machines et chaudières à vapeur autres que celles qui sont placées sur des bateaux ;

Vu les rapports de la commission centrale des machines à vapeur établie près du ministère de l'agriculture, du commerce et des travaux publics ;

Notre conseil d'Etat entendu,

Avons décrété et décrétons ce qui suit :

Art. 1er. Sont soumises aux formalités et aux mesures prescrites par le présent décret les chaudières fermées destinées à produire la vapeur, autres que celles qui sont placées à bord des bateaux.

TITRE I.

Dispositions relatives à la fabrication, à la vente et à l'usage des chaudières fermées destinées à produire la vapeur.

Art. 2. Aucune chaudière neuve ou ayant déjà servi ne peut être livrée par celui qui l'a construite, réparée ou vendue, qu'après avoir subi l'épreuve prescrite ci-après.

Cette épreuve est faite chez le constructeur ou chez le vendeur, sur sa demande, sous la direction des ingénieurs des ponts et chaussées ou les agents sous leurs ordres.

Les épreuves des chaudières venant de l'étranger sont faites, avant la mise en service, au lieu désigné par le destinataire dans sa demande.

Art. 3. L'épreuve consiste à soumettre la chaudière à une pression effective double de celle qui ne doit pas être dépassée dans le service, toutes les fois que celle-ci est comprise entre un 1/2 kilogramme et 6 kilogrammes par centimètre carré inclusivement.

La surcharge d'épreuve est constante et égale à un demi-kilogramme par centimètre carré pour les pressions inférieures et à 6 kilogrammes par centimètre carré pour les pressions supérieures aux limites ci-dessus.

L'épreuve est faite par pression hydraulique.

La pression est maintenue pendant le temps nécessaire à l'examen de toutes les parties de la chaudière.

Art. 4. Après qu'une chaudière ou partie de chaudière a été éprouvée avec succès, il y est apposé un timbre indiquant en kilogrammes par centimètre carré la pression effective que la vapeur ne doit pas dépasser. Les timbres sont placés de manière à être toujours apparents après la mise en place de la chaudière.

Ils sont poinçonnés par l'agent chargé d'assister à l'épreuve.

Art. 5. Chaque chaudière est munie de deux soupapes de sûreté chargées de manière à laisser la vapeur s'écouler avant que sa pression effective atteigne ou tout au moins dès qu'elle atteint la limite maximum indiquée par le timbre dont il est fait mention à l'article précédent.

Chacune des soupapes offre une section suffisante pour maintenir à elle seule, quelle que soit l'activité du feu, la vapeur dans la chaudière à un degré de pression qui n'excède dans aucun cas la limite ci-dessus.

Le constructeur est libre de répartir, s'il le préfère. la section totale d'écoulement nécessaire des deux soupapes réglementaires entre un plus grand nombre de soupapes.

Art. 6. Toute chaudière est munie d'un manomètre en bon état, placé en vue du chauffeur, disposé et gradué de manière à indiquer la pression effective de la vapeur dans la chaudière. Une ligne très-apparente marque sur l'échelle le point que l'index ne doit pas dépasser.

Un seul manomètre peut servir pour plusieurs chaudières ayant un réservoir de vapeur commun.

Art. 7. Toute chaudière est munie d'un appareil d'alimentation d'une puissance suffisante et d'un effet certain.

Art. 8. Le niveau que l'eau doit avoir habituellement dans chaque chaudière, doit dépasser d'un décimètre au moins la partie la plus élevée des carneaux tubes ou conduits de la flamme et de la fumée dans le fourneau.

Ce niveau est indiqué par une ligne tracée d'une manière très-apparente sur les parties extérieures de la chaudière et sur le parement du fourneau.

La prescription énoncée au paragraphe 1er du présent article ne s'applique point :

1° Aux surchauffeurs de vapeur distincts de la chaudière.

2º A des surfaces relativement peu étendues et placées de manière à ne jamais rougir, même lorsque le feu est poussé à son maximum d'activité, telles que la partie supérieure des plaques tubulaires des boîtes à fumée dans les chaudières de locomotives, ou encore telles que les tubes ou parties de cheminées qui traversent le réservoir de vapeur, en envoyant directement à la cheminée principale les produits de la combustion.

3º Aux générateurs dits à production de vapeur instantanée, et à tous autres qui contiennent une trop petite quantité d'eau pour qu'une rupture puisse être dangereuse.

Le ministre de l'agriculture, du commerce et des travaux publics, peut en outre, sur le rapport des ingénieurs et l'avis du préfet, accorder dispense de la dite prescription dans tous les cas où, à raison, soit de la forme ou de la faible dimension des générateurs, soit de la position spéciale des pièces contenant de la vapeur, il serait reconnu que la dispense ne peut pas avoir d'inconvénients.

Art. 9. Chaque chaudière est munie de deux appareils indicateurs du niveau de l'eau, indépendants l'un de l'autre et placés en vue du chauffeur.

L'un de ces deux indicateurs est un tube en verre disposé de manière à pouvoir être facilement nettoyé et remplacé au besoin.

TITRE II.

Dispositions relatives à l'établissement des chaudières à vapeur placées à demeure.

Art. 10. Les chaudières à vapeur destinées à être

employées à demeure ne peuvent être établies qu'après une déclaration au préfet du département. Cette déclaration est enregistrée à sa date. Il en est donné acte.

Art. 11. La déclaration fait connaître :

1° Le nom et le domicile du vendeur des chaudières ou leur origine ;

2° La commune et le lieu précis où elles sont établies ;

3° Leur forme, leur capacité et leur surface de chauffe ;

4° Le numéro du timbre exprimant en kilogrammes par centimètre carré la pression effective maximum sous laquelle elles doivent fonctionner ;

5° Enfin le genre d'industrie et l'usage auxquels elles sont destinées.

Art. 12. Les chaudières sont distinguées en trois catégories.

Cette classification est basée sur la capacité de la chaudière et sur la tension de la vapeur.

On exprime en mètres cubes la capacité de la chaudière avec ses tubes bouilleurs ou réchauffeurs, mais sans y comprendre les surchauffeurs de vapeur ; on multiplie ce nombre par le numéro du timbre augmenté d'une unité. Les chaudières sont de la première catégorie quand le produit est plus grand que quinze ; dans la deuxième, si ce même produit surpasse cinq et n'excède pas quinze ; dans la troisième, s'il n'excède pas cinq.

Si plusieurs chaudières doivent fonctionner ensemble dans un même emplacement, et si elles ont entre elles une communication quelconque, directe ou indirecte, on prend pour former le produit comme il vient d'être dit, la somme des capacités de ces chaudières.

Art. 13. Les chaudières comprises dans la première catégorie doivent être établies en dehors de toute maison et de tout atelier surmonté d'étages.

N'est point considérée comme un étage au-dessus de l'emplacement d'une chaudière une construction légère, dans laquelle les matières ne sont l'objet d'aucune élaboration nécessitant la présence d'employés ou ouvriers travaillant à poste fixe.

Dans ce cas, le local ainsi utilisé est séparé des ateliers contigus par un mur ne présentant que les passages nécessaires pour le service.

Art. 14. Il est interdit de placer une chaudière de première catégorie à moins de 3 mètres de distance du mur d'une maison d'habitation appartenant à des tiers.

Si la distance de la chaudière à la maison est plus grande que 3 mètres et moindre que 10 mètres, la chaudière doit être généralement installée de façon que son axe longitudinal prolongé ne rencontre pas le mur de ladite maison, ou que, s'il le rencontre, l'angle compris entre cet axe et le plan du mur soit inférieur au sixième d'un angle droit.

Dans le cas où la chaudière n'est pas installée dans les conditions ci-dessus, la maison doit être garantie par un mur de défense.

Ce mur, en bonne et solide maçonnerie, a 1 mètre au moins d'épaisseur en couronne. Il est distinct du parement du fourneau de la chaudière et du mur de la maison voisine, et est séparé de chacun d'eux par un intervalle libre de 0^m30 de largeur au moins.

Sa hauteur dépasse de 1 mètre la partie la plus élevée du corps de la chaudière, quand il est à une distance de celle-ci comprise entre 0^m30 et 3 mètres. Si la distance est plus grande que 3 mètres, l'excédant de hauteur est augmenté en proportion de la distance, sans toutefois excéder 2 mètres.

Enfin, la situation et la longueur du mur sont combinées de manière à couvrir la maison voisine dans toutes les parties qui se trouvent à la fois au-dessous de la crête dudit mur, d'après la hauteur fixée ci-dessus, et à une distance moindre que 10 mètres d'un point quelconque de la chaudière.

L'établissement d'une chaudière de première catégorie à la distance de 10 mètres ou plus des maisons d'habitation n'est assujetti à aucune condition particulière.

Les distances de 3 mètres et de 10 mètres fixées ci-dessus sont réduites respectivement à 1^m50 et 5 mètres, lorsque la chaudière est enterrée de façon que la partie supérieure de ladite chaudière se trouve à 1 mètre au moins en contre-bas du sol, du côté de la maison voisine.

Art. 15. Les chaudières comprises dans la deuxième catégorie peuvent être placées dans l'intérieur de tout atelier, pourvu que l'atelier ne fasse pas partie d'une maison habitée par des personnes autres que le manufacturier, sa famille et ses employés, ouvriers et serviteurs.

Art. 16. — Les chaudières de troisième catégorie peuvent être établies dans un atelier quelconque, même.lorsqu'il fait partie d'une maison habitée par des tiers.

Art. 17. Les fourneaux des chaudières comprises dans la deuxième et la troisième catégorie sont entièrement séparés des maisons d'habitation appartenant à des tiers ; l'espace vide est de 1 mètre pour les chaudières de la 2º catégorie, et de 0^m50 pour les chaudières de la troisième.

Art. 18. Les conditions d'emplacement établies par les articles 14 et 17 ci-dessus cessent d'être obligatoires, lorsque les tiers intéressés renoncent à s'en prévaloir.

Art. 19. Le foyer des chaudières de toute catégorie doit brûler sa fumée.

Un délai de six mois est accordé pour l'exécution de la disposition qui précède aux propriétaires de chaudières auxquels l'obligation de brûler leur fumée n'a point été imposée par l'acte d'autorisation.

Art. 20. Si, postérieurement à l'établissement d'une chaudière, un terrain contigu vient à être affecté à la construction d'une maison d'habitation, le propriétaire de ladite maison a le droit d'exiger l'exécution des mesures prescrites par les articles 14 et 17 ci-dessus, comme si la maison eût été construite avant l'établissement de la chaudière.

Art. 21. Indépendamment des mesures générales de sûreté prescrites au titre 1er de la déclaration prévue par les art. 10 et 11 du titre II, les chaudières à vapeur fonctionnant dans l'intérieur des mines sont soumises aux conditions spéciales fixées par les lois et réglements concernant l'exploitation des mines.

TITRE III.

*Dispositions relatives aux chaudières des machines
locomobiles et locomotives.*

Art. 22. Sont considérées comme locomobiles les
machines à vapeur qui peuvent être transportées
facilement d'un lieu dans un autre, n'exigent aucune
construction pour fonctionner sur un point donné, et
ne sont effectivement employées que d'une manière
temporaire à chaque station.

Art. 23. Les chaudières des machines locomobiles
sont soumises aux mêmes épreuves et munies des
mêmes appareils de sûreté que les générateurs établis à demeure ; toutefois elles peuvent n'avoir qu'un
seul tube indicateur du niveau de l'eau en verre.
Elles portent en outre une plaque sur laquelle sont
gravés, en lettres très-apparentes, le nom du propriétaire, son domicile et un numéro d'ordre, si le
propriétaire en possède plusieurs.

Elles sont l'objet d'une déclaration adressée au
préfet du département où est le domicile du propriétaire de la machine.

Art. 24. Aucune locomobile ne peut être employée
sur une propriété particulière à moins de 5 mètres de
tout bâtiment d'habitation et de tout amas découvert
de matières inflammables appartenant à des tiers,
sans le consentement formel de ceux-ci.

Le fonctionnement des locomobiles sur la voie
publique est régi par les réglements de police
locaux.

Art. 25. Les machines à vapeur locomotives sont

celles qui, sur terre, travaillent en même temps qu'elles se déplacent par leur propre force.

Art. 26. Les dispositions de l'article 23 sont applicables aux chaudières des machines locomotives.

Art. 27. La circulation des locomotives sur les chemins de fer a lieu dans les conditions déterminées par des réglements d'administration publique.

Un réglement spécial fixera, s'il y a lieu, les conditions relatives à la circulation des locomotives sur les routes autres que les chemins de fer.

TITRE IV.

Dispositions générales.

Art. 28. Les ingénieurs des mines, ou à leur défaut les ingénieurs des ponts et chaussées, ainsi que les agents sous leurs ordres commissionnés à cet effet sont chargés, sous la direction des préfets et avec le concours des autorités locales, de la surveillance relative à l'exécution des mesures prescrites par le présent décret.

Art. 29. Les contraventions au présent réglement sont constatées, poursuivies et réprimées conformément à la loi du 21 juillet 1856, sans préjudice de la responsabilité civile que les contrevenants peuvent encourir aux termes des articles 1382 et suivants du Code Napoléon.

Art. 30. En cas d'accident ayant occasionné la mort ou des blessures graves, le propriétaire ou le chef de l'établissement doit prévenir immédiatement l'autorité chargée de la police locale et l'ingénieur chargé de la surveillance.

L'autorité chargée de la police locale se transporte sur les lieux et dresse un procès-verbal qui est transmis au préfet et au procureur impérial.

L'ingénieur chargé de la surveillance se rend également sur les lieux dans le plus bref délai, pour visiter les chaudières, en constater l'état et rechercher les causes de l'accident. Il adresse sur le tout un rapport au préfet et un procès-verbal au procureur impérial.

En cas d'explosion, les constructions ne doivent point être réparées et les fragments de la chaudière rompue ne doivent point être déplacés ou dénaturés avant la clôture du procès-verbal de l'ingénieur.

Art. 31. Les chaudières qui dépendent des services spéciaux de l'État sont surveillées par les fonctionnaires et agents de ces services.

Leur établissement reste assujetti à la déclaration prévue par l'article 10 et à toutes les conditions d'emplacement et autres qui peuvent intéresser les tiers.

Art. 32. Les conditions d'emplacement prescrites pour les chaudières à demeure par le présent décret ne sont point applicables aux chaudières pour l'établissement desquelles il aura été satisfait à l'ordonnance royale du 22 mai 1843.

Art. 33. Les attributions conférées aux préfets des départements par le présent décret sont exercées par le préfet de police dans toute l'étendue de son ressort.

Art. 34. L'ordonnance royale du 22 mai 1843, relative aux machines et chaudières à vapeur autres que celles qui sont placées sur des bateaux, est rapportée.

Art. 35. Notre ministre de l'agriculture, du commerce et des travaux publics est chargé de l'exécution du présent décret, qui sera inséré au *Bulletin des lois*.

Fait au Palais des Tuileries, le 25 janvier 1865.

NAPOLÉON.

Par l'Empereur :

Le ministre de l'agriculture.
du commerce et des travaux
publics,

ARMAND BÉHIC.

II. — Décret impérial portant réglement pour l'exploitation des dépôts et magasins d'huiles minérales ou autres hydrocarbures.

Du 18 avril 1866.

NAPOLÉON, par la grâce de Dieu et la volonté nationale, Empereur des Français, à tous présents et à venir, salut.

Sur le rapport de notre ministre secrétaire d'État au département de l'agriculture, du commerce et des travaux publics ;

Vu les lois des 16-24 août 1790 et 19-22 juillet 1791 ;

Vu le décret du 15 octobre 1810 ;

Vu les ordonnances des 14 janvier 1815 et 9 février 1820 ;

Notre Conseil d'État entendu,

AVONS DÉCRÉTÉ ET DÉCRÉTONS ce qui suit :

Art. 1. — Le pétrole et ses dérivés, les huiles de schiste et de goudron, les essences et autres hydrocarbures pour l'éclairage, le chauffage, la fabrication des couleurs et vernis, le dégraissage des étoffes, ou pour tout autre emploi, sont distingués en deux catégories, suivant leur degré d'inflammabilité.

La première catégorie comprend les substances très-inflammables, c'est-à-dire celles qui émettent, à une température moindre de trente-cinq degrés du thermomètre centigrade, des vapeurs susceptibles de prendre feu au contact d'une allumette enflammée.

La seconde catégorie comprend les substances moins inflammables, c'est-à-dire celles qui n'émettent de vapeurs susceptibles de prendre feu au contact d'une allumette enflammée qu'à une température égale ou supérieure à trente-cinq degrés.

Art. 2. Les usines pour la fabrication, la distillation et le travail en grand de toutes les substances comprises dans l'art. 1er sont rangées dans la première classe des établissements régis par le décret du 15 octobre 1810 et par l'ordonnance royale du 14 janvier 1815, concernant les ateliers dangereux, insalubres ou incommodes.

Art. 3. Les dépôts de substances appartenant à la première catégorie sont rangés dans la première classe des établissements, insalubres ou dangereux, s'ils contiennent même temporairement, mille cinquante litres ou plus desdites substances.

Ils sont rangés dans la deuxième classe lorsque la quantité emmagasinée, supérieure à cent cinquante litres, n'atteint pas mille cinquante litres.

Les dépôts pour la vente au détail, en quantité n'excédant pas cent cinquante litres, peuvent être établis sans autorisation préalable. Toutefois, leurs propriétaires sont tenus d'adresser au préfet une déclaration indiquant la désignation précise du local, la quantité à laquelle ils entendent limiter leur approvisionnement, et de se conformer aux mesures générales énoncées dans l'art. 5 ci-après.

Art. 4. Les dépôts de substances appartenant à la deuxième catégorie sont rangés dans la première classe des établissements insalubres ou dangereux, s'ils contiennent, même temporairement, dix mille cinq cents litres ou plus desdites substances.

Ils appartiennent à la deuxième classe lorsque la quantité emmagasinée, supérieure à mille cinquante litres, n'atteint pas dix mille cinq cents litres.

Les dépôts pour la vente au détail, en quantité n'excédant pas mille cinquante litres, peuvent être établis sans autorisation préalable. Toutefois, leurs propriétaires sont tenus d'adresser au préfet une déclaration indiquant la désignation précise du local et la quantité à laquelle ils entendent limiter leur approvisionnement, et de se conformer aux mesures générales énoncées dans l'art. 5 ci-après.

Art. 5. Les dépôts pour la vente au détail de substances de la première catégorie, en quantité supérieure à cinq litres et n'excédant pas cent cinquante litres, et les dépôts de substances de la deuxième catégorie, en quantité supérieure à soixante litres et n'excédant pas mille cinquante litres, qui, aux termes des articles 3 et 4, peuvent être établis sans autorisation préalable, sont assujettis aux conditions générales suivantes :

1° Le local du dépôt ne pourra être qu'une pièce

au rez-de-chaussée ou une cave ; il sera dallé en pierres posées et rejointoyées en mortier de chaux et sable ou ciment ;

2° Les portes de communication avec les autres parties de la maison et avec la voie publique seront garnies de seuils en pierre saillant d'un décimètre au moins sur le sol dallé, de manière à retenir les liquides qui viendraient à se répandre ;

3° Si le dépôt est établi dans une cave, celle-ci devra être bien éclairée par la lumière du jour, convenablement ventilée et sans aucune communication avec les caves voisines, dont elle sera séparée par des murs pleins en maçonnerie solide de trente centimètres d'épaisseur au moins ;

4° Si le local du dépôt est au rez-de-chaussée, il ne pourra être surmonté d'étages ; il sera largement ventilé et éclairé par la lumière du jour. Les murs seront en bonne maçonnerie et la toiture sera sur supports en fer ;

5° Dans tous les cas, le local sera d'un accès facile et ne devra être en communication avec aucune pièce servant à l'emmagasinage du bois ou autres matières combustibles qui pourraient servir d'aliment à un incendie ;

6° Les liquides seront conservés, soit dans des vases en métal munis d'un couvercle, soit dans des fûts solides et parfaitement étanches, cerclés en fer, dont la capacité ne dépassera pas cent cinquante litres, soit dans des touries en verre ou en grès revêtues d'une enveloppe en tresses de paille, osier ou autres matières de nature à mettre le vase à l'abri de la casse par le choc accidentel d'un corps dur; la capacité de ces touries ne dépassera pas soixante litres, et elles seront très-soigneusement bouchées ;

7° Les vases servant au débit courant seront fermés et munis de robinets ;

8° Le transvasement ou dépotage des liquides en approvisionnement ne se fera qu'à la clarté du jour et, autant que possible, au moyen d'une pompe ;

9° Dans la soirée, le local sera éclairé par une ou plusieurs lanternes fixées au mur, en des points éloignés des vases contenant les liquides inflammables, et particulièrement de ceux qui serviront au débit courant ;

10° Il est interdit d'y allumer du feu, d'y fumer et d'y garder des fûts vides, des planches ou toutes autres matières combustibles ;

11° Une quantité de sable ou de terre proportionnée à l'importance du dépôt sera conservée dans le local pour servir à éteindre un commencement d'incendie, s'il venait à se déclarer ;

12° Le propriétaire du dépôt devra toujours avoir à sa disposition une ou plusieurs lampes de sûreté garnies et en bon état, dont on se servirait, au besoin, pour visiter les parties du local que les lanternes fixées au mur n'éclaireraient pas suffisamment. Il est expressément interdit de circuler dans le local avec des lumières portatives découvertes qui ne seraient pas de sûreté et pourraient communiquer le feu à un mélange d'air et de vapeurs inflammables.

Les marchands en détail, dont l'approvisionnement est limité à cinq litres de substances de la première catégorie, ou à soixante litres de substances de la deuxième catégorie, seront tenus d'observer les mesures de précaution qui, dans chaque cas, leur seront indiquées et prescrites par l'autorité municipale.

Art. 6. Les dépôts qui ne satisferaient point aux conditions prescrites ci-dessus, ou qui cesseraient d'y satisfaire, seront fermés sur l'injonction de l'autorité administrative, sans préjudice des peines encourues pour contravention aux réglements de police.

Art. 7. Le transport de toutes les substances comprises dans l'article 1er, en quantité excédant cinq litres, sera fait exclusivement, soit dans des vases en tôle, en fer-blanc ou en cuivre bien étanches et hermétiquement clos, soit dans des fûts en bois parfaitement étanches, cerclés en fer, dont la capacité ne dépassera pas cent cinquante litres, soit dans des touries ou bombonnes en verre ou en grès de soixante litres de capacité au plus, bouchées et enveloppées de tresses en paille, osier ou autres matières de nature à mettre le vase à l'abri de la casse.

Art. 8. Notre ministre secrétaire d'État au département de l'agriculture, du commerce et des travaux publics est chargé de l'exécution du présent décret.

Fait au palais des Tuileries, le 18 avril 1866.

Signé NAPOLÉON.

Par l'Empereur,

Le ministre de l'agriculture, du commerce
et des travaux publics,
Signé ARMAND BÉHIC.

III. — Décret impérial concernant les établissements réputés insalubres, dangereux ou incommodes.

31 décembre 1866-23 janvier 1867,

RAPPORT A L'EMPEREUR.

SIRE,

La formation des établissements industriels considérés au point de vue de leur nocuité est soumise à un régime dont les bases sont fixées par le décret du 15 octobre 1810, l'ordonnance royale du 14 janvier 1815 et le décret de décentralisation du 25 mars 1852.

Sous ce régime, qui a pour but de sauvegarder les intérêts du voisinage sans exposer les industriels à ce qu'il y aurait de trop incertain et de trop variable dans l'action de la police locale, des décrets délibérés en conseil d'État arrêtent la nomenclature des ateliers réputés insalubres, dangereux ou incommodes, qui ne peuvent, à ce titre, être formés sans une autorisation administrative, et cette autorisation indique, s'il y a lieu, les conditions jugées nécessaires pour prévenir tout sérieux inconvénient.

Les établissements sont divisés en trois classes, dont la première se compose de ceux dont les inconvénients sont assez graves pour qu'ils doivent être indispensablement éloignés des habitations. La permission, en ce qui les concerne, ne pouvait d'abord être accordée que par décret rendu en conseil d'État; mais elle est depuis 1852 dans les attributions des préfets, qui prononcent sur les demandes après apposition d'affiches, pendant un mois, dans un rayon de cinq kilomètres, enquête *de commodo et incommodo*, et s'il y a des oppositions, après avis du conseil de préfecture. Quant aux ateliers rangés dans la deuxième et la troisième classe, ils sont autorisés, les premiers par les préfets, sans l'obligation des affiches, mais après enquête, et les derniers par les sous-préfets, sans nécessité d'affiche ni d'enquête.

Les demandeurs et les voisins peuvent, du reste, attaquer par la voie contentieuse les décisions intervenues, et ceux-ci ont même le droit, s'ils se prétendent lésés, d'agir en dommages-intérêts devant les tribunaux ordinaires,

Les tableaux annexés au décret du 15 octobre 1810 et à l'ordonnance royale du 14 janvier 1815 contenaient une nomenclature d'établissements industriels répartis dans les trois classes. Depuis lors, des ordonnances royales ou des décrets y ont ajouté beaucoup d'autres industries, et plusieurs tableaux complémentaires ont été publiés successivement. Enfin, des décisions préfectorales ou ministérielles rendues conformément à l'avis du comité des arts et manufactures, ont opéré pour des industries nouvelles un assez grand nombre de classements provisoires, en vertu du pouvoir que l'ordonnance du 14 janvier 1815 donne à l'administration, et il était d'autant plus utile et opportun d'en user que l'industrie traversait une période de rapide transformation pendant laquelle des classements définitifs eussent été souvent impossibles à déterminer convenablement, au moins pour un certain temps.

Mais il m'a paru, Sire, qu'après les progrès si considérables accomplis aujourd'hui dans les sciences appliquées à l'industrie, un grand nombre d'ateliers pourraient, sans danger, être descendus de classe ou même dispensés de l'autorisation, et que, dans leur ensemble, les classements actuels pourraient être améliorés, en même temps qu'ils seraient fondus dans une nomenclature générale ; j'ai chargé, en conséquence, le comité consultatif des arts et manufactures de procéder à une révision pour laquelle ce conseil offre toutes les garanties désirables.

Le comité a examiné avec le plus grand soin l'état actuel de toutes les industries, sous le rapport de leurs inconvénients pour le voisinage. Il n'a pas hésité à reconnaître que, par des causes diverses, les perfectionnements introduits ont eu pour résultat d'atténuer ou même d'annuler dans beaucoup de cas la nocuité qui, à l'origine, avait déterminé les classements, et que la situation opposée se présente très-rarement. Il a dressé un tableau général destiné à remplacer tous les classements définitifs ou provisoires antérieurement admis, en s'attachant à n'y comprendre que les industries qui, dans l'état actuel des choses, sont réellement insalubres, dangereuses ou incommodes, et ce projet a été renvoyé au conseil d'État, qui a fait lui-même un examen approfondi des diverses questions qu'il soulève.

La nouvelle nomenclature des établissements insalubres, dangereux ou incommodes que j'ai l'honneur de vous soumettre rentrera, Sire, j'ose l'espérer, dans les vues de Votre Majesté. Il a été possible, en effet, sans compromettre aucun intérêt, de supprimer les classements définitifs ou provisoires pour plus de cent industries, et d'en descendre de classe près de quatre-vingts, tandis que quelques-unes seulement ont dû être introduites dans la nomenclature ou relevées de classe. La mesure projetée aura ainsi l'avantage de diminuer le nombre des cas dans lesquels les industriels ont besoin de recourir à l'autorité, et dans les circonstances ou une autorisation préalable a paru justifiée, de réduire souvent les formalités et les délais. Enfin, la réunion dans un seul tableau de tous les classements en rendra la connaissance plus facile aux intéressés. La mesure dont il s'agit n'aura donc, à tous les points de vue, que des résultats utiles pour l'industrie, et j'ai l'honneur en conséquence de présenter avec confiance à la signature de Votre Majesté le décret destiné à la réaliser.

J'ai l'honneur d'être avec le plus profond respect,

Sire,

De votre Majesté

Le très-humble et très-obéissant serviteur, et fidèle sujet,

Le ministre de l'agriculture, du commerce et des travaux publics,

ARMAND BÉHIC.

———

NAPOLÉON, par la grâce de Dieu et la volonté nationale, Empereur des Français,

A tous présents et à venir, salut :

Sur la proposition de notre ministre de l'agriculture, du commerce et des travaux publics ;

Vu le décret du 15 octobre 1810, l'ordonnance royale du 14 janvier 1815, et le décret du 25 mars 1852 sur la décentralisation administrative ;

Vu les ordonnances des 20 juillet 1818, 25 juin 1823, 20 août 1824, 9 février 1825, 5 novembre 1826, 20 septembre 1828, 31 mai 1833, 5 juillet 1834, 30 octobre 1836, 27 janvier 1837, 25 mars, 15 avril et 27 mai 1838, 27 janvier 1846, et les décrets des 6 mai 1849, 19 février 1853, 21 mai 1862, 26 août 1865, et 18 avril 1866, portant addition ou modification aux classements des établissements réputés insalubres, dangereux ou incommodes;

Vu les avis du comité consultatif des arts et manufactures;

Notre conseil d'Etat entendu,

Avons décrété et décrétons ce qui suit:

Art. 1. La division en trois classes des établissements réputés insalubres, dangereux ou incommodes aura lieu conformément au tableau annexé au présent décret. Elle servira de règle toutes les fois qu'il sera question de prononcer sur les demandes en formation de ces établissements.

Art. 2. Notre ministre de l'agriculture, du commerce et des travaux publics est chargé de l'exécution du présent décret, qui sera inséré au *Bulletin des lois*.

Fait au palais des Tuileries, le 31 décembre 1866.

NAPOLÉON.

Par l'Empereur,

Le ministre de l'agriculture,
du commerce et des travaux
publics.

ARMAND BÉHIC.

IV. Décret impérial portant réglement sur les établissements d'éclairage et de chauffage par le gaz.

Du 9 février 1867,

NAPOLÉON, par la grâce de Dieu et la volonté nationale, Empereur des Français, à tous présents et à venir, salut :

Sur le rapport de notre ministre secrétaire d'État au département de l'agriculture, du commerce et des travaux publics ;

Vu l'ordonnance royale du 27 janvier 1846 (1), concernant les établissements d'éclairage par le gaz hydrogène :

Vu le décret du 31 décembre 1866 (2) ;

Vu l'avis du comité consultatif des arts et manufactures ;

Notre Conseil d'État entendu,

Avons décrété et décrétons ce qui suit :

Art. 1. Les usines ou ateliers de fabrication du gaz d'éclairage et de chauffage pour l'usage public, et les gazomètres qui en dépendent, sont soumis aux conditions ci-après :

Art. 2. Les usines sont fermées par un mur d'enceinte ou une clôture solide en bois, de trois mètres de hauteur au moins ; les ateliers de fabrication et les gazomètres sont à la distance de trente mètres au moins des maisons d'habitation voisines.

Art. 3. Les ateliers de distillation et tous les bâti-

(1) ıxᵉ série, Bull. 1273, n° 12,577.
(2) xıᵉ série, Bull. 1459 nᵒ 11,860.

ments y attenants seront construits et couverts en matériaux incombustibles.

Art. 4. La ventilation desdits ateliers doit être assurée par des ouvertures suffisamment larges et nombreuses, ménagées dans les parois latérales et à la partie supérieure du toit.

Art. 5. Les appareils de condensation sont établis en plein air ou dans des bâtiments dont la ventilation est assurée comme celle des ateliers de distillation.

Art. 6. Les appareils d'épuration sont placés vers le centre de l'usine, en plein air ou dans des bâtiments dont la ventilation est assurée comme celle des ateliers de distillation et de condensation.

Art. 7. Les eaux ammoniacales et les goudrons produits par la distillation, qu'on n'enlèverait pas immédiatement, sont recueillis dans des citernes exactement closes et qui devront être parfaitement étanches.

Art. 8. L'épuration sera pratiquée et conduite avec les soins et précautions nécessaires pour qu'aucune odeur incommode ne se répande en dehors de l'enceinte de l'usine. La chaux ou les laits de chaux, s'il en est fait usage, seront enlevés chaque jour dans des vases ou tombereaux fermant hermétiquement, et transportés dans une voirie ou un local désigné par l'autorité municipale.

Art. 9. Les eaux de condensation peuvent être traitées dans l'usine elle-même, pour en extraire les sels ammoniacaux qu'elles contiennent, à la condition que les ateliers soient établis vers la partie centrale de l'usine et qu'il n'en sorte aucune exhalaison nuisible ou incommode pour les habitants du voisinage, et que l'écoulement des eaux perdues soit assuré sans inconvénient pour le voisinage.

Art. 10. Les goudrons ne pourront être brûlés dans les cendriers et dans les fourneaux qu'autant qu'il n'en résultera à l'extérieur ni fumée ni odeur.

Art. 11. Les bassins dans lesquels plongent les gazomètres seront complétement étanches ; ils seront construits en pierres ou briques à bain de mortier hydraulique, en tôle ou en fonte.

Art. 12. Les gazomètres seront établis à l'air libre; la cloche de chacun d'eux sera maintenue entre des guides fixes, solidement établis, de manière que, dans son mouvement, son axe ne s'écarte pas de la verticale. La course ascendante en sera limitée de telle sorte que, lorsque la cloche atteindra cette limite, son bord inférieur soit encore à un niveau inférieur de trente centimètres au moins au bord du bassin ou cuve.

La force élastique du gaz dans l'intérieur du gazomètre sera toujours maintenue au-dessus de la pression atmosphérique. Elle sera indiquée par un manomètre très-apparent.

Art. 13. Les usines et appareils mentionnées ci-dessus pourront, en outre, être assujettis aux mesures de précaution et dispositions qui seraient reconnues utiles dans l'intérêt de la sûreté et de la salubrité publiques et qui seraient déterminées par un réglement d'administration publique.

Art. 14. Les usines et ateliers régis par le présent décret seront soumis à l'inspection de l'autorité municipale, chargée de veiller à ce que les conditions soient observées.

Art. 15. Les dispositions de l'ordonnance précitée du 27 janvier 1846 sont et demeurent rapportées.

Notre ministre secrétaire d'État au département de l'agriculture, du commerce et des travaux publics est chargé de l'exécution du présent décret, qui sera inséré au bulletin des lois.

Fait au palais des Tuileries, le 9 février 1867.

Signé: NAPOLÉON.

Par l'Empereur:

Le ministre secrétaire d'État au département de l'agriculture, du commerce et des travaux publics,

Signé: DE FORCADE.

TABLE DES MATIÈRES.

CHAPITRE PREMIER.

Préliminaires.

CHAPITRE DEUXIÈME.

Établissements de la première classe,

CHAPITRE TROISIÈME.

Établissements de la deuxième classe.

CHAPITRE QUATRIÈME.

Établissements de la troisième classe.

CHAPITRE CINQUIÈME.

Règles communes à tous les établissements classés.

§ 1. — *Inconvénients à apprécier dans l'examen des demandes d'autorisation.*

§ 2. — *Établissements comprenant des ateliers de différentes classes*

§ 3. — *Translation et interruption de l'exploitation.*

§ 4. — *Transformation des établissements autorisés.*

§ 5. — *Observation des conditions stipulées.*

§ 6. — *Suppression pour cause d'inconvénients imprévus.*

§ 7. — *Etablissements dont la création a précédé le décret de 1810.*

§ 8. — *Etablissements non classés et qui seraient de nature à l'être.*

CHAPITRE SIXIÈME.

Ateliers de nature à tomber sous l'application des lois relatives aux cours d'eau, aux usines à feu, aux bois et forêts, aux douanes et aux fabriques de soude.

CHAPITRE SEPTIÈME.

Intervention des tribunaux criminels.

CHAPITRE HUITIÈME.

Intervention des tribunaux civils.

TABLE ANALYTIQUE.

Les chiffres se réfèrent aux numéros de l'ouvrage.

A

B

C

Conseil d'État : Recours à fin de réformation contre les arrêtés préfectoraux qui statuent sur les demandes en autorisation, 20, 39. — Délai dans lequel ces recours doivent être formés, 20, 46. — Intervention et recours incident des tiers, 39. — Recours pour incompétence et excès de pouvoir, 41. — Recours contre les arrêtés des conseils de préfecture, 46, 62.— Suppression des établissements de première classe, 107 et suiv.

Conseils de préfecture : Ils donnent leur avis sur les demandes en autorisation d'établissements de première classe, 19. — Ils statuent sur les réclamations des tiers contre les arrêtés d'autorisation, 20. — Délai dans lequel ces réclamations doivent leur être soumises, 46. — Ils connaissent des recours contre les arrêtés des sous-préfets relatifs aux établissements de troisième classe, 59, 60, 61.

Cuirs vernis (Fabrique de), 17.

D

Décrets : Texte du décret du 15 octobre 1810, 6. — Décret du 25 mars 1852, 8. — Décret du 31 décembre 1866, 10 et appendice, III.

Douanes : Établissements situés dans le rayon des douanes, 126.

E

Engrais (Dépôts), 17, 32.

Établissements :

Établissements de la première classe : leur caractère, 12.— Demandes d'autorisation, 13. — Affiches, 14. — Enquête, 15. — Avis du conseil d'hygiène et de salubrité, 16. — Conditions, 17. — Avis du conseil de préfecture en cas d'opposition, 19. — Décision sur la demande d'autorisation, 18. — Recours, 20, 39 et suiv.

Établissements de la deuxième classe : leur caractère, 34.— Demande d'autorisation, 35.— Enquête, 36.— Avis du conseil d'hygiène et de salubrité, 37. — Décision sur la demande d'autorisation, 38. — Recours, 39, 40, 41. — Motifs d'opposition, 43, 44.

P

Police : Pouvoir de police des préfets, 94 et suiv. — Pouvoir de police des maires, 134 et suiv.

Poudreries militaires, 21.

Poudres détonnantes et fulminantes, 29.

Préfet de police : Il statue sur les demandes en autorisation, relatives à tous les établissements situés dans le ressort de la préfecture de police, 7, 57.

R

Raffineries de sel marin, 72.

Rapport : Texte du rapport qui a précédé le décret de 1810, 5.

S

Soude (Fabriques de), 127.

Sous-préfets : Ils statuent sur les demandes en autorisation de troisième classe, 57.

Suifs (Fonderies de), 17.

Suppression : Elle peut être prononcée pour cause d'inconvénients graves, 101 et suiv. — Le droit de suppression ne s'applique qu'aux établissements de première classe, 107. — Demande et procédure, 108 et suiv. — Les questions de suppression ne sont pas contentieuses, 110. — L'art. XI du décret de 1810 n'a pas été abrogé, 111.

Surveillance : Elle a toujours dépendu du pouvoir de police, 2. — Par qui elle est exercée, 93 et suiv. — Recours, 99.

T

Transformation : On ne peut transformer sans autorisation les établissements, 89. — Modifications qui constituent une transformation, 90. — Compétence, 91.

Translation : Interdiction de transférer les établissements, 80. — Sanction, 81.

U

ERRATUM.

Les numéros 22 à 28 forment double emploi avec le chapitre VI numéros 119 à 127, auxquels il faut se reporter exclusivement.

TRAITÉ PRATIQUE

DES

ATELIERS INSALUBRES

F

TRAITÉ PRATIQUE

DES

ATELIERS INSALUBRES

DANGEREUX OU INCOMMODES

PAR

GABRIEL DUFOUR

Ancien président de l'ordre des avocats au Conseil d'État et à la Cour de cassation, ancien Député,
Membre du Conseil général de l'Allier, Chevalier de la Légion d'honneur.

ET

ERNEST TAMBOUR

Docteur en droit, Avocat au Conseil d'État et à la Cour de cassation,
Successeur de M. Dufour.

PARIS

DELAMOTTE, ADMINISTRATEUR DU RÉPERTOIRE DE L'ENREGISTREMENT
Par M. Garnier
9, RUE CHRISTINE-DAUPHINE, 9

1869